Magia Cosmosophica

G. A. Gregorius

Sonderausgabe Nr.: 19

Mein Dank geht an Peter Windsheimer für das Design sämtlicher Bilder, des Weiteren an Ariane und Michael Sauter.

Für Schäden, die durch falsches Herangehen an die Übungen an Körper, Seele und Geist entstehen könnten, übernehmen Verlag und Autor keine Haftung.

© 2019 Gregorius, Gregor A.
Herstellung und Verlag:

BoD – Books on Demand, Norderstedt
ISBN: 9783739244150

Alle Rechte, auch die fotomechanische Wiedergabe (einschließlich Fotokopie oder der Speicherung auf elektronischen Systemen), vorbehalten.
All rights reserved.

Jahre der Erkenntnis und des Lichtes sind vergangen, in denen es im Verborgenen für alle unsere Brüder im Osten und Westen, auch für Dich leuchtete, lieber Bruder Hermetiker, durch die heilige siebenfache Flamme des Meisters im Orient, welcher Dich aufnahm in seine Arme und in unsere Reihen. Seit Du den schwarzen Seidenmantel Akashas des dritten Brudergrades trägst, das studienreiche Neophytentum überwunden hast, eröffnen sich Dir neue Ausblicke im Geistigen. Deine Seele ist geschult im Aufnehmen und im Geben, Dein Geist vermag das Helle und Dunkle der Rita zu unterscheiden. Du hast das Geheimnis der Zahl eins in der Zahl drei erkannt und erprobt. Das doppelgeschlechtliche Mysterium der Einheit ist Dir enthüllt. Nun führe ich Dich neue Wege. Ich ziehe mit den auf die althergebrachte Weise gewinkelten Fingern vor Dir den Meistergriff über die Brust, von links nach rechts, und gehe vor Dir her, Dich erneut zu führen in das geheime, überlieferte Priesterwissen. Es gilt, Dir einen neuen Gipfel, ein neues Ziel zu zeigen.

Das uralte tiefste Ziel des Menschen ist die Erfüllung des Wunsches, Gott von Angesicht zu sehen. Dieses mystische Gottschauen birgt in sich den alten tiefen Drang der Menschheit nach Höherentwicklung. Urtief ist diese Sehnsucht verankert in den Menschenhirnen, in den Menschenseelen.

Da nun der gesamte Erdball auf den kosmischen Rhythmus, dem Rit, unseres Sonnensystems vollständig eingestellt ist, davon durchflutet wird in seinem geistigen, seelischen und materiellen Aufbau, diesem harmonischen kosmischen Tat-Rhythmus in seinen gesamten Auswirkungsgesetzen gehorcht, in ihnen aufgeht, in sie eingefügt ist, so muss logischerweise auch der einzelne Wille eines Menschen identisch sein mit diesem großen kosmischen Willen.

Also ist der Menschenwille ein Teilwille Gottes, eine Reflexion des göttlichen Willens auf den Menschengeist, auf die Willensimpulse des Menschenhirnes.

Je reiner nun dieser kosmische Wille in seiner jeweiligen Form zum Ausdruck kommt, je ungehemmter er sich entfalten kann, desto mehr befreit er sich von der organischen Materie, von dieser Bindung. Er wird gleichsam durchgeistigter, er verlässt nach und nach die Grenzen der gebundenen Form, wird positiv, edler und reiner, mächtiger, höher gepolt, ausstrahlender, sein Wirkungsaktionsradius wird unbegrenzt, er wird kosmisch, er wird damit kosmisch-magisch!

Dieses magische Werden ist durchaus ein Hineinwachsen in die transzendenten kosmischen Kräfte, ist ein Erfühlen, ein Verstehen, ein

Beherrschen planetarischer, kosmischer Naturgesetze, deren subtile Schwingungen in uns und um uns sind.

Der Mensch als geistiges Einzelindividuum ist viel mehr verwebt in das Netz kosmischer Weltdynamik, als er ahnt und glaubt. Nicht nur sein physischer Körper, sein Gesamtorganismus, seine einzelnen Organe, haben ihre Entsprechungen in unserem Planetensystem, sondern auch die ätherischen Planetenkräfte haben ihre Widerspiegelungen, ihre Reflexionszentren, im Fludialkörper des Menschen, wie wir es in unseren Schriften beschrieben haben. Sogar die Denktätigkeit einzelner Gehirnzellengruppen steht in gebundener Wechselbeziehung mit den geistigen planetarischen Willenskräften.

Diese Zusammenhänge zu wissen, zu verstehen, ihre Auswirkungen nach Möglichkeit zu lenken, zu beeinflussen, zum Wühle der gesamten Menschheit dieses Erdballes, sie zur Evolutionierung des Wesens Erde bewusst zu verwenden, ist nicht nur höchstes Wissen, es ist magisches Hohe-Priestertum. Es ist ein Eingeweihtsein in göttliche Gesetze. Es ist hohe, reine und edel-göttliche Magie! Dieses Gralstum ist nur Wenigen dieser Erde beschieden.

Die Wege dazu sind vorbestimmt seit Jahrtausenden und können nicht nachgewiesen werden. Nur reinstes mystisches Erfühlen, esoterisches Denken ist Vorbedingung, basierend auf dem Wissen der Natur- und Himmelsgesetze, soweit sie den Menschen bis heute erschlossen sind, dabei natürlich die engen Grenzen unserer exakten Wissenschaften verlassend. Nur der Geheimwissenschaftler darf das Neophytentum wagen und nach diesen hohen und heiligen Priesterweistum streben.

Die Astrologie, die alte königliche Wissenschaft, ist der eine feste Grundpfeiler des uralten Priesterwissens, da der geistige Tempelbau auf drei Säulen ruht:
1. Auf der Magie,
2. auf der Astrologie dem Wissen des Alls,
3. und dem Wissen um die verborgenen gebundenen Kräfte, auf der Alchimie.

Nur wer die Kräfte binden und lösen kann, ist ein Magier, ein königlicher Herr auf höchster Höhe. Wer die Formen kennt und ihre Zahlgesetze, wer die Symbole liest und ihren geheimen Rhythmus erfühlt, nur der steht auf dem einsamen Gipfel menschlicher höchster erreichbarer Erkenntnisstufe.

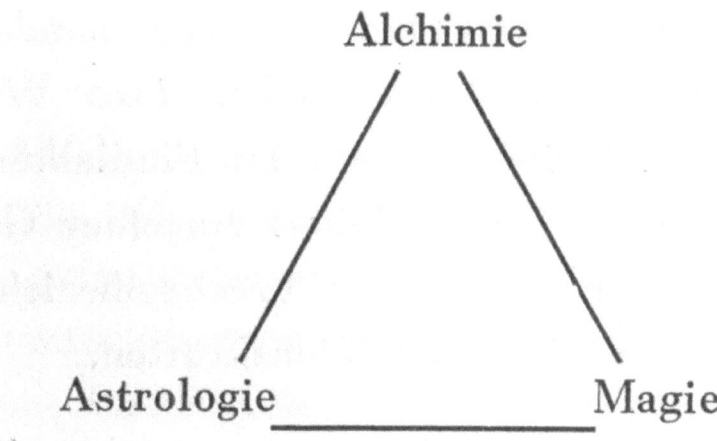

Der Weg ist schwer, der dahin führt. Je höher der Magier steigt, desto mächtigere kosmische Strömungen umfluten ihn, desto stärkere kosmische Kraftwirbel erzeugt er selbst durch seinen magischen Willen. Wehe ihm, wenn er die Spiralgesetze kosmischen Werdens und Waltens nicht kannte, und sich durch ihre umgepolten Entsprechungen der Zahlengesetze auf unsere physische Ebene nicht schützte durch geheime Glyphen im Metall, im Stein, oder auf dem Pergament. Er ist verloren, denn die planetarischen Einwirkungen erzeugen in ihm Disharmonien und Spannungen, die sein Nervensystem, seine Organe zerstören, unaufhaltsam, zuerst oft kaum merkbar, aber um so sicherer.
Es ist nun zuerst nötig, seinen eigenen kosmisch-magischen und planetarischen Zustand im Zahlengesetze festzulegen.
Die magische Ein- und Auspolung des Menschen liegt primär auf der Basis der Mondkräfte. Deshalb ist bei den Glyphenberechnungen das magische Quadrat des Mondes zugrunde zu legen. 9 = 81. (Siehe Tabelle der magischen Quadrate).
Das Zentrum dieses magischen Quadrates ist 41 = 5. In dieses magische Quadrat werden nun 12 magische Kreise eingezeichnet, deren Gegenpunkte stets gleiche Zahlenkonstante ergeben, siehe Figur II am Buchende.

Beispiel: Kreis 1 vom Zentrum aus
$81 + 1 = 82 = 10 = 1$
$73 + 9 = 82 = 10 = 1$

Die Kreise liegen so, dass sie immer die Zentren der einzelnen Felder schneiden. Auf diese Weise entstehen 12 innere Kreise, die sämtlich den Rand des magischen Mond-Quadrates nicht überschreiten, während außerdem noch 2 äußere Kreise eingezeichnet werden, die den äußeren Rand des Kreises überschneiden, denn die 12 inneren Kreise stellen die Planetenbahnen dar, die äußeren den Zodiak.

Das Innere der nun entstandenen Figur ist der Mensch selbst mit dem magischen Grundwert 5. (Pentagramm oder AEIOU) In ihm vereinigen sich die kosmischen 12 Planetensphären und die 2 zodiakalen Kreise zum magischen Konzentrationspunkt, der auf lunarer Basis liegt.

In der weiteren Konstruktion wird das magische Quadrat des Mondes in einen zwölffach geteilten Kreis eingezeichnet, aber ohne die quadratische Felderkonstruktion, (siehe Figur 3) welches an sich ein Grundschema für sämtliche Horoskope darstellt, das stets als Grundformular zu verwenden ist.

Die Summenwerte der einzelnen Felder werden nun nach dem System der Quersummen-Berechnung reduziert und auf die eingezeichneten 12 Kreise eingeschrieben. (siehe Figur 3.)

Um diese 12 Kreise wird ein Zodiakalkreis mit den astrologischen Tierkreiszeichen gelegt, wie er in Figur 3 rot eingezeichnet ist (in Figur 2 ist er am äußeren Rande bereits ebenfalls schwarz eingezeichnet). Um diesen wird ein weiterer Zodiakalkreis gelegt. Auf Figur 3 ist er blau eingezeichnet, derart, dass in beiden Kreisen die Tierkreiszeichen entgegengesetzt laufen, sodass neben Widder (rot) Waage (blau) und neben Waage (rot) Widder (blau) zu stehen kommt usw.

Der Aufgang der beiden Zodiaks entspricht dem astrologischen Wissen.

Der rote Zodiak ist die Entsprechung des körperlichen Schicksals des Menschen, der blaue Zodiakkreis stellt seine geistige und übersinnliche Schicksalsstruktur dar.

Figur 1 stellt das Horoskop einer Individualität X dar mit eingezeichneten Radixplaneten. Diese Radixplaneten werden nun in das Grundformular (Figur 3) zweimal eingezeichnet. Einmal blau und einmal rot. Dann wird von der genauen Gradstellung des betreffenden Planeten auf den dem Planeten in astrologischer Reihe zugeordneten Kreise gelotet und so die

Verbindungspunkte bestimmt, wie die Spannungslinien in der Psyche den Menschen liegen.

1. Kreis ☉
2. „ ☉
3. „ ☉
4. „ ☽
5. „ ☿
6. „ ♀
7. „ ⚷
8. „ ♂
9. „ ♃
10. „ ♄
11. „ ⛢
12. „ ♆

Die Erde steht immer der Radix-Sonne des Horoskopes entgegen, also in Opposition.

Die kosmische Zahlenordnung der Planeten ist folgende:

♆ = 1
⛢ = 2
♄ = 3
♃ = 4
♂ = 5

⚷ = 6
♀ = 7
☿ = 8
☽ = 9
☉ = 10, 11, 12

Der Neptunkreis ist der erste, außerhalb des magischen Mondquadrates liegende Kreis und ist Mittler zwischen dem Zodiak und den Planetensystem zu werten.

Er trägt den Zahlenwert Null, da seine subtile, ätherische Struktur nur rein geistig auf den Menschen wirkt. Er behält also auf diesem Kreis immer seinen Grundwert 1. Die körperliche und geistige Funktion wird demnach mit 1 ausgewickelt.

Der erste, die inneren Seiten des Mondquadrates berührende Kreis gehört dem Uranus als der, die Geistmaterialisation des ganzen Systems beherrschenden Region an.

Die darauffolgenden beiden Kreise verdichten sich zu einem einzigen. Es ist der konzentrische Saturnkreis.

Wie Saturn als erster Planet im System alle Rand- und Peripheriekräfte **materiell** verdichtend an sich gesaugt und als Ring um sich gelegt hat, so legen sich auch im Quadrat zwei Kreise verdichtend zu einem einzigen zusammen. Siehe Figur 4 und vergleiche mit Figur 3.

Auf dem Saturnring liegen demnach folgende Zahlenwerte: Vom roten Aszendenten aus: 7, 8, 5, 2, 3, 8, 3, 2, 5, 8, 7, 2. Die Reihe gibt addiert den Wert 60 = 6. Der Wert des Mondes = 9. Der Wert des Saturn = 3. Den Gesamtwert seines Ringes dazugerechnet ergibt ebenfalls 9, womit gezeigt werden soll, dass er, der Saturn, die unter ihm liegende Welt des Seins und Werdens (Mond = 9) konzentriert in sich trägt.

Die zweite Analogie finden wir zwischen Saturn und Sonne. Die Sonne beherrscht die drei im Zentrum liegenden Ringe mit dem Gesamtwert 33 = 6.

Der Gesamtwert des Saturnringes ist gleichfalls 6. Er bildet die Grenze des ausgebreiteten Sonnenprinzips und ist der Wächter gegen die noch unreife vergeistigte Materie, welche immer bestrebt ist, seinen Ring zu durchbrechen.

Zur Frage der Rückläufigkeit sei besonders bemerkt: Radixplaneten, welche bei der Geburt der Naiven rückläufig sind und auf 0° stehen, gehören dem vorhergehenden Tierkreiszeichen und seinen Zahlenwerten an. Werden aber die Radixplaneten am Tage der Geburt rückläufig, so gehören ihnen die Zahlenwerte des folgenden Tierkreiszeichens an.

Die Sphäre des Neptun liegt also immer auf dem äußersten Kreis, die der Sonne immer auf den drei innersten Kreisen. (siehe Figur 3).

Um das Studium des gegebenen Beispiels zu erleichtern, ist es praktisch, zur Feststellung der magischen Zahlenwerte der Planeten die Figur 4 auf

Pauspapier abzupausen und zum weiteren Studium auf Figur 3 überzudecken, sodass sich Aszendent und Deszendent rot-blau überdeckt. Jetzt werden die roten Planeten durch rote Linien vom Zentrum aus über die Sonne der Reihe nach verbunden (siehe Figur 4) bis zum Neptun, von da aus ein Kreisbogen geschlagen bis zum roten Aszendenten. Nun wird vom blauen Aszendenten zum blauen Neptun wiederum ein Kreisbogen geschlagen und vom blauen Neptun aus durch blaue Linien alle blauen Planeten über die Sonne bis zum Zentrum mit einander verbunden. Die rote Konstruktionskurve ist die magisch körperliche Auspopolung, die blaue Konstruktionskurve die magische seelisch-geistige Einpolung des Menschen.

Jeder Planet liegt nun auf seinem Kreise und saugt die innerhalb des Sektors liegenden Zahlenwerte an sich und zwar alle innerhalb seines Gastzeichens von 0°-29° gelegenen Zahlenwerte.

Zum Beispiel: Saturn (rot) mit dem Zahlenwert 3 saugt den Wert 3 auf. 3 + 3 = 6. Saturn rot erhält also den magischen Wert 6 in der Glyphendarstellung.

Mond blau mit dem Zahlenwert 9 saugt den Wert 1 auf – 9+1=10=1. Mond blau erhält demnach in der Glyphe den Wert 1.

Die Sonne hat in ihrer dreifachen Gruppe stets den Sammelwert: 10 + 11 + 12 = 33 = 6.

Sie saugt alle auf ihren drei Kreisen liegenden Zahlen gemeinsam in ihren Sammelwert ein. Die Aufsaugung erfolgt stets bei allen Planeten in der Drehrichtung des betreffenden Tierkreises.

Zum Beispiel Sonne blau 6 + 5 = 11 = 2 ; Magischer Wert = 2.

Man verbindet nun den roten Mond und den blauen Mond durch eine sogenannte magische Kulminationsachse. In jeder Konstruktion bildet diese Achse einen Winkel zur Achse des Aszendenten und einen Winkel zur Achse des Deszendenten und bezeichnet in ihrer Funktion das magische Absorptionsvermögen der Individualität.

Derjenige Planet, (oder diejenigen Planeten) welcher mit seinen eingesaugten Zahlenwerten eine solche Zahl erzeugt, dass ihre Quersumme die Grundzahl des Planeten ergibt, heißt magischer Dominant, er kann im blauen oder aber im roten Feld liegen. Rot zeigt die Neigung zur niederen Magie des betreffenden Individuums an, blau die Eignung für höhere magische Seelenkräfte.

Beispiel: Mond rot = 9 angesaugter Wert = 9 ; zusammengezählt 18 = 9 (siehe Figur 4).

Figur 4 ist eine fertig konstruierte magische Schutzglyphe nach dem Horoskop Figur 3a. Die blauen und roten Zahlenwerte werden nunmehr erst einzeln und dann zusammenaddiert.
Einzeln ergeben sie:
- rot: 50 = 5 = Mars mit magischem Dominant = Mond
- blau: 39 = 12 = 3 = Saturn ; beide zusammen gezählt ergeben 50 + 39 = 89 = 17 = 8 = Merkur.

Sonne = 2	1 – Neptun
Mond = 9 (Dominat)	8 – Pluto
Merkur = 4	1 – Saturn
Venus = 7	4 – Jupiter
Erde = 6	5 – Mars
Mars = 5	6 – Erde
Jupiter = 4	7 – Venus
Saturn = 6	4 – Merkur
Pluto = 6	1 – Mond
Neptun = 1	2 – Sonne
50 = 5 = Mars rot	39 = 12 = 3 = Saturn blau

Letzterer Merkur ist die Grundpotenz der ganzen Glyphe und durchdringt die magischen Zentralplaneten Mars und Saturn mit seinen Kräften als Mars/Merkur und Saturn/Merkur.

Die magische Konstruktionszahl für Körper und Seele für das Individuum X des ganzen Horoskopes Figur 3a ist demnach 88 und 7 ist seine magische geistige Konzentrationszahl.

Liegen im Zentrum als rot (Plus) und blaue (Minus) Kollektivplaneten Planeten gleichen Zeichens, so befindet sich die Person in einem magischen Gleichgewicht, falls nicht auf einer Seite ein Dominant zu verzeichnen ist, der dann – aber auch nur dann – zum Kollektivplaneten dieser Gruppe (rot oder blau) zugezählt werden muss.

Beliebiges Beispiel: Kollektiv rot Mars = 5
blau Mars = 5
Dominant rot Venus = 7
rot 5 + 7 = 12 = 3 = Saturn
blau = 5 = Mars

Planeten ohne Zahlenzuwachs durch Aufsaugen haben die schwächsten

magischen Wirkungen in der Glyphe.
Planeten mit Zahlenzuwachs unter ihrer Grundzahl haben mittlere Wirkung.
Planeten mit Zahlenzuwachs so groß oder größer als ihre Grundzahl haben starke magische Wirkungen.
Planeten als Dominanten haben stärkste magische Wirkung.
Planeten im magischen Winkel eingeschlossen, binden die Individualität an ihre Werte magischer Art.
Zum Beispiel ist der in Figur 4 erzeugte magische Winkel relativ gering und schließt einen Planeten und zwar den Mars in sich ein. Also ist der betreffende Mensch von geringer magischer Aktivität und seine vorhandenen Kräfte basieren auf dem Mars, sind also an diesen gebunden.
Nun ist es nicht schwer, diese fertige Glyphe in eine Plakette als Amulett aus dem astrologisch nach dem Aszendenten zustehenden Metall einzugravieren.
Mögen Uneingeweihte die magische Glyphe auf Deiner Brust, mit welcher Du den Solar-Plexus, das magische Einfallstor, zuschließt und schützt, für unnützen Metallschmuck halten. Du weißt es nun besser und hast die ungeheure Expansionskraft dieses gewollten Systems von verbundenen Spiralfunktionen erkannt und erprobt. Du weißt, dass Du mit entsprechenden Auspolungsglyphen fluidale astrale Schwingungen hemmungslos zersprengen und hinaufschleudern kannst bis in die elektrisch-magnetischen Spannungs- und Kraftfelder des Saturn.
Du bist Dir auch bewusst, dass Du Dir mit der Glyphen- oder Runenanwendung eine ungeheure karmische Verantwortung auf Deine Schultern legst. Ein einziger falscher Entschluss, durch den Du vernichtend in kosmische Reininkarnationsgesetze zerstörend eingreifst, belastet Dich selbst auf Jahrtausende, es sei denn, Du hast die Kraft einer hohen verantwortlichen Überzeugung, oder bist selbst mithandelndes Werkzeug einer höheren Macht oder Intelligenz.
Das kristallklare Gesetz des neuen aufsteigenden Wassermannzeitalters, in dessen Orbis wir bereits stehen, gibt Dir ja klar und deutlich die Direktiven, indem es lautet: TUE WAS DEIN GEWISSEN WILL, IST DAS GANZE GESETZ, ES GIBT KEIN GESETZ ÜBER, TUE WAS DEIN GEWISSEN WILL!
So wie das Kind im Mutterleibe die kosmischen Strahlungen nur durch die Aura seiner Mutter im absorbierten Zustande umgepolt und gemildert aufnehmen kann, so sollst und darfst Du nur kosmische Influenzen verwenden, die durch die Spiralen Deiner zweckgebrauchten Glyphen

(Runen) gingen.
Bedenke ferner: So wie die auftreffenden Sonnenstrahlen auf der Luftschicht des Erdballes Wärme erzeugen, genau so erzeugen die auf Deine Aura gelangenden kosmischen Strahlungen subtile Nervenschwingungen Deines Ätherkörpers, die sich reflektierend Deinen Organen mitteilen. Also halte Deinen physischen Körper und seine Organe gesund, denn dadurch schaffst Du Dir auch einen rhythmisch durchfluteten gesunden Ätherkörper. Du weißt und kennst die Gesetze der Enthaltsamkeit. Du weißt genau, dass Du durch die zu verwerfende Fleischnahrung Marskräfte in Dir erzeugst, die Du nur zu besonderen Zwecken der dementsprechenden Magie verwenden darfst und sollst. Um kosmische Magie zu treiben, muss Deine Nahrungszufuhr aus reinen Pflanzenstoffen und Säften bestehen, die Deinem Fludialkörper erst ermöglichen, auf den Kontakt sphärischer Einwirkung zu reagieren. Der Rhythmus Deines Körpers sei leicht beschwingt und positiv gespannt, erreicht durch die entsprechenden Dir bereits gelehrten Übungen.

Du musst aber auch imstande sein, Dich sofort durch Atemwechsel und Pulsschlagdämmung körperlich und geistig zu entspannen, augenblicklich umzupolen, um in der Runen-Meditations-Stellung auffangende Schale und Gefäß für die auf Dich einströmenden planetarischen Influenzen zu sein. Nur so darfst Du gerüstet an diese hohen magischen Praktiken gehen.

Es ist Dir schon früher geraten worden, dass Du eine große Beobachtungsscheibe Deines Geburtshoroskopes (siehe Hermes-Band V) anfertigen sollst, welche Dir den genau errechneten Eintritt planetarischer Übergänge und Transitstellungen anzeigt, denn Du weißt ja selbst, wie wichtig die Konstellationen der Gestirne für die Magie sind. Also tue dies. Errechne Dir die schwingenden Tattwas und die herrschenden Planetenstunden. So hast Du dadurch in Verbindung mit den Mundan-Stellungen der Planeten kosmische Basis für die magische Arbeit.

An dem entsprechenden Finger einer jeden Hand trage den entsprechenden Edelstein. Dein Stirnband, trage das Septagramm aus Gold, in diesem den eingefassten Priesterstein, den Amethyst. Deine Forschungen in der magischen Edelsteinkunde haben Dir ja die Kenntnisse gebracht, auf welche Weise Du durch das Tragen einer magischen Brustplakette, in welche die dem jeweiligen Zweck entsprechenden Steine eingefügt sind, Dir bewusst kosmische Gestirnstrahlungen planetarischer Herkunft zuführen kannst. Im übrigen gelten alle Vorschriften für magischen Schutz, die Dir bisher gelehrt wurden (siehe *Evokation* von Franz Bardon).

So gerüstet stelle Dich in den gezogenen magischen Kreis. Dein magischer positiver Wille erfülle den Umfang Deines Raumes, durchdringe Dein Zimmer derart, dass Du selbst der konzentrierte Mittelpunkt dieser so entstandenen Form wirst. Stelle Dich aufrecht hoch empor geteilt auf den magischen Dreifuß, hergestellt aus Kupfer mit Füßen aus Blei. So bist Du die Kraft, der Wille einer räumlichen Form, die in Tatsächlichkeit ein mit Energie geladenes Kraftfeld darstellt, welches Energiespannungen hinaus in das Universum sendet. Hülle Dich in den Rauch der dem Tage, der Stunde und den am Horizont stehenden Planeten entsprechenden Drogen (siehe *Evokation*).

In den Tempeln werden für die kosmische Magie hohe Räume mit offener Decke benutzt, die in Form eines stehenden Rechteckes gebaut sind. Nachstehend sagt Dir der Lehrsatz und die Zeichnung genug. Verwende ihn nach Art Deines Vermögens und der Möglichkeit des Dir Möglichen. Sein Inhalt gilt für die gesamte magische Praxis.

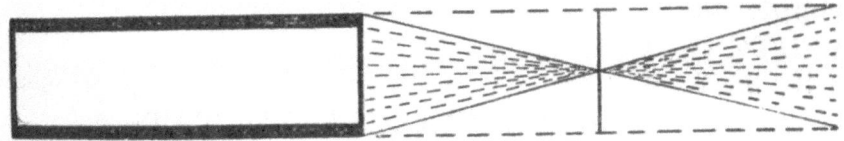

Zeichnung a.

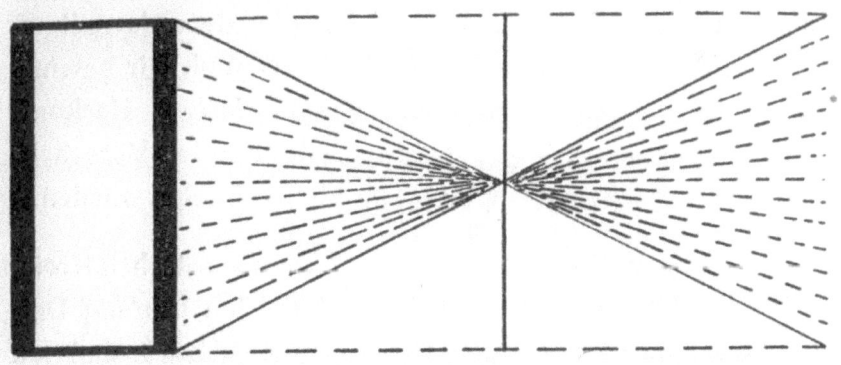

Zeichnung b.

Zu Figur a: Die Tiefenwirkung des Schattenkegels einer liegenden Form ist weniger intensiv als die einer stehenden aufrechten Form, analog dem magischen Kraftfeld in seinem Wirkungsbereiche. Im Brennpunkt wird bei der letzteren Form eine ungemein stärkere Intensivität in Dichtigkeit einerseits und durch die verstärkte Konzentrationswirkung in der Umpolung andererseits eine größere Ausstrahlung und Wirkung erreicht. Merke Dir ferner zu Figur b: Die Lokalisationswirkungen liegender Formen im Raum sind verschieden von Konzentrierungs-Kraftfeldern aufrechter Formen. Die Knotenpunkte kosmischer Weltdynamik sind in ihren Lokalisationswirkungen gleichwertig, wenn auch verschieden in ihren Polarisationsgruppierungen. Dem Grundgesetz:

    Ursache Wirkung Folge

unterstehen alle Naturgesetze.
Die Entsprechung dieses Gesetzes ist folgende Zahlengruppierung:

  WERTE DER URIDEE: 1 3 5 7 9

  WERTE DER GEISTIGEN TAT: 11 13 15 17 19 usw.

  FOLGEZAHL DER MATERIE: 12 14 16 18 20

Über die Zahlenwerte 2 4 6 8 hörst Du später, ebenso über die Kraft der Binde-Zahlen 22 44 66 88 usw. Auch die Wirkung der Konzentrationszahlen 33, 55, 77, 99, wird Dir erklärt werden.
Nun gehe über zur rituellen Beschwörung planetarischer Intelligenzen, welche Du Dir vorgenommen hast.
Auf echtem Pergament mit Tusche gezeichnete magische Quadrate verbrenne unter Anrufung der Planetenintelligenzen auf den Kohlen des Räucherbeckens. Ein solches Pergament enthalte auf der einen Seite das magische Zahlenquadrat des betreffenden Planeten und das magische Zeichen des Planetengeistes, auf der Rückseite das Zeichen des planetarischen Dämoniums. In der rechten Hand halte ausgestreckt das magische Schwert aus Stahl oder Blei.
Genau nach den Anweisungen, wie Dir im ersten magischen Briefe gelehrt wurde, hülle Dich in den seidenen Schutzmantel derjenigen Farbe, die Deinem magischen Zwecke entspricht. Du musst nackend sein, sorgfältig

gebadet und gesalbt mit ätherischen Ölen. Mindestens 24 Stunden vorher musst Du gefastet haben und den Geschlechtsverkehr musst Du vom Beginn des ersten Viertels des Mondes an meiden. Beschwörungen erfolgen stets in der Vollmondphase, siehe auch die *Evokation* von Franz Bardon.

So rufe dreimal die zeremonielle Anrufung. Dann pole Dich um, gehe in die Meditationsaufnahmestellung der Runen und es wird sich zeigen, ob Deine Bemühungen von Erfolg gekrönt sind.

Bedenke: Magie erzeugt kosmisch-magnetische, geistige Wirbel, deren Zentrum der Magier ist. Aber es kommt darauf an, ob der Magus imstande ist, die von ihm erzeugte mentale Schwingung auch in der Rückwirkung mental in sich aufzunehmen. Dann, nur dann, wird der Kosmos zu ihm in mentalen Symbolen sprechen, die oft von solcher leuchtenden Farbe, von solcher gewaltigen Herrlichkeit sind, dass er sie niemals mit Worten nach dem Erwachen aus dem mentalen Trancezustand beschreiben kann, noch vermag er jemals die Töne gehörter Sphärenmusik auch nur annähernd wiederzugeben. Er hat diese kostbare Stunde nur mit seinem höheren Sinnesleben erlebt und gelebt.

Gewiss ist die Gefahr dieser magischen Praxis groß genug. Magisch-magnetische Wirbel in der Erdaura erzeugen, heißt das kosmische rhythmische Gleichgewicht des Geistes und der sinnlichen Wahrnehmung aufheben, denn dieses ist das größte Gesetz des vitalen Lichtes. Da die Entsprechungen kosmischer Kraftfelder nun, wie bereits gesagt, in den Energiezentren der menschlichen Aura liegen, so können natürlich hier Störungen eintreten, die auch organische Erkrankungen, vor allem der Milz, der Leber und gesamten Nervensystems hervorrufen. So wird Dein Verstand Dir selbst sagen, wie ungemein wichtig die Beachtung der Himmelkonstellationen der Planeten in der Stunde der Beschwörung ist, wie sehr es auf die mundane Aspektierung ankommt. So wäge erst sorgfältig, dann wage.

Gelingt es Dir, so bist Du zum Mittler zwischen Gott und den Menschen geworden. Der herrschende Demiurg will Dir wohl, Du hast die Grenzen seiner kosmischen Spannung harmonisch berührt. So ahnst Du die Beseelung der Gestirne, deren Psychologie so hoch über unserem Menschenverstand liegt. Eines wage nicht: Die Beschwörung der Sonne. Der Kult des Sonnenlogos ist Dir noch verschlossen – noch darfst Du den Sonnen – Chrestos (Metatron) nicht schauen.

Den Schleier der Isis heben, heißt den Fuß auf die Schwelle der transzendenten Welt setzen, den geistigen Tod, der zugleich Neugeburt ist, erleben, denn alles ist Wandlung und fließendes Kreisen. Aber dazu ist die Stunde der Einweihung für Dich noch nicht da. So sei stets eingedenk dem Gebot Deines kosmischen Lehrers Franz Bardon.

Wenn die Magie lehrt: Das astrale Licht ist die Seele der Erde und reguliert die Gesetze des Gleichgewichts und die der Schwerkraft, so trifft dieses auf die kosmische Magie ganz besonders zu.

Hast Du durch die Schulungen erreicht, dass Dein Körper mit den erdmagnetischen Strömen magisch verbunden ist, vermagst Du das astrale Licht zu meistern, den magischen Nachtpol in Dir kosmisch zu beherrschen, so stehen Dir nun die mentalen Regionen für Dein magisches Forschen offen. Du wirst die Wahrheit des Wortes: „Die Weltseele leuchtet über dem Abgrund der Tiefe" erkennen. Dieses Erkennen wird Dir ein neuer Ansporn sein, in Deinem Geistesflug so hoch wie möglich zu steigen, und immer wird sich Dein Blick nach neuen Gipfeln richten.

So gelangst Du nach und nach in das Kraftfeld des Saturn. Du wirst einsamer werden und härter, doch innerlich gefestigter, bis Du den *Hüter der Schwelle* durchschritten hast, die Jupiter-Natur der höheren Oktave des Saturn erkennend. Doch bedenke dies: „Der kühnste Steiger zwingt den Weg allein". Das Gebot *Schweige* gilt hier besonders in hohem Maße.

Aus den tiefsten Quellen in den Seelentiefen des Menschen-Innern steigt es empor, das alte, heilige Urwissen vom Licht. Wie Sphärenklänge weht durch die Seele die Erinnerung an gottgeborene Zeiten. Durch Jahrmillionen schwingt noch immerfort der ewige Rhythmus im Menschen im fünffachen Klange, im fünffachen Akkord von AEIOU. Unvermindert leuchten die Farben im heiligen Menschsymbol, im Pentagramm.

Noch heute birgt sich im Schöpfer-Wort das alte Wissen, das dem Volke vorenthalten werden muss. Noch immer entschleiert sich nicht jedem profanen Blicke die Zahl, welche der Schlüssel ist.

Du aber bist auf dem Wege ein Eingeweihter zu werden, ein Wissender der Brüder vom Kreuz und vom Tau.

Magie ist das Wissen um die zwei Seiten der Dinge. Sie ist das Wissen um den Inhalt der Form, um den Klang im Wort, um die Wirkung des zwiefachen Begriffes. Dabei ist es gleich, in welcher Sprache der Magier spricht, mit welchen Formen er arbeitet. Jedoch auf den erreichten kosmischen Daseinsplan, auf die Arbeitssphäre kommt es an. Er muss nur verstehen, den magischen Inhalt des Objektes zu lösen oder zu binden, sei es nun Mensch oder Ding oder Stern.

Die Gesetze des Kosmos, die geheimen Naturgesetze, können nicht durch Magie aufgehoben, noch unterdrückt werden. Dagegen ermöglicht das Erfühlen der Harmonieverhältnisse eine Ausbalancierung, eine Ausnützung, eine Verstärkung, eine Abschwächung disharmonischer, oder harmonischer Kraftschwingungen. In der Welt der Spiegelbilder, der Entsprechungen, ist alles in den Urwerten auf harmonischen Gleichklang, auf mathematisch ineinandergreifende Zahlenwerte und Zahlengesetze aufgebaut. Die großen Zahlengesetze regieren einen wunderbaren Ur-Rhythmus in vielen Variationen. Darüber wirst Du mehr hören, denn hier fängt das Wissen der höheren Grade erst an. Und der Magier vermag durch das bewusste Wissen der Beziehungen, der Gegenwerte, alle verborgenen Dinge im innersten Kerne zu erfassen, zu erkennen, zur vollen Kraftentfaltung zu zwingen. Dabei wird dem magischen Erleben nichts verschlossen bleiben, denn er bemüht sich um die Ewigkeitswerte, er bringt nur seine eigene in ihm schwingende, verborgene, göttliche, universelle Kraft zur Entfaltung.
Je nach der Macht seiner Persönlichkeit, seines kraftvollen Willensimpulses, vermag er seine kosmischen Kreise zu ziehen hinauf bis an die Grenzen unseres Sonnensystemes. Die Kraft und Machtkomplexe seiner Strahlungswellen können kosmische Wirkung erreichen. So ist der Magier Gottschöpfer, Gottmensch und Werkzeug schöpferischer Kräfte zugleich. Durch seinen Geistwillen, durch seine magische Kraft, verkörpern sich die magischen Intelligenzen ferner Planetenwesen in Einspiegelung auf unserem Erdball.
In der Verkettung der dynamischen Knotenpunkte wirken kosmische Kräfte im ungeheuren Lauf der Ewigkeit, waltend nach ehernen Gesetzen im Makrokosmos, wie im Mikrokosmos.
So sind die Horoskophäuser Wirkungssphären, die Tierkreiszeichen magische Prinzipien, die Planeten Entsprechungen kosmisch ausgelöster Kräfte, die Aspekte Beziehungen und Verbindungen im Sinne der Polarisationsgesetze nicht nur im Horoskope der Welt, sondern auch im Lebensspiegel des einzelnen Individiums.
In dem vollen Bewusstsein dieses Wissens und seiner Verantwortung greift der Magier ein in die feinmaschigen Saiten dieser uns umgebenden Gitterstruktur, sich hütend durch sein Eingreifen Verwirrung in dieses Gewebe zu bringen, nur forschend nach den Harmoniegesetzen des Alls, sich selbst harmonisch eingleichend. Handle so! Dann bist Du frei von niederen Gewalten. Ein königlicher Herr auf höchster Höhe!
Wenn Du weißt, dass die Zelle nicht länger als der Elementar-Organismus,

sondern als Struktur des Plasmas, aus dessen Kern der Erdgeist sich auswirkt, zu betrachten ist, wenn Du erschaust, wie der ewig forschende Menschengeist die Struktur des Atoms auflöst, um nur immer wieder auf das Eine, den Ur-Rhythmus des kosmischen Allgeistes zu stoßen in seinen Entsprechungen und Wirkungen, so stehst auch Du ehrfürchtig da vor der übermateriellen Wirkung der substantiellen Zahlen, vor der magischen Kraft der quadratischen Zahlenfelder, vor den geistigen Schwingungen der Glyphen und Runen. Die qualitative-quantitative Doppelwesenheit der Zahl als Substanz und Struktur ist längst bewiesen und erkannt, ebenso ihre transzendente Bindung an kosmische Kräfte und Spannungen. Die Zahl entfaltet ihre magische Kraft erst in ihrer Erhöhung in die Dynamik als magisches Quadrat. Ihre Organisation trägt das vollkommene funktionale Gleichgewicht und die vollkommene Harmonie in sich, umschlingt das Irrationale und Imaginäre des ganzen Weltgebäudes.

Ich gebe Dir nachstehend einige der wichtigsten magischen Quadrate der Planeten bekannt, soweit Du sie benötigst für die Anfertigung Deiner Glyphen. In einer späteren Unterweisung wirst Du mehr hören über dieses interessante und wichtige Studien- und Wissensgebiet.

Jeder Planet schwingt in vier Zahlen: Saturn: 3. 9. 15. 45, Jupiter: 4. 16, 34. 136., Mars: 5. 25. 65. 325., Sonne: 6. 36. 111. 666., Venus: 7. 49. 175. 1225., Merkur: 8. 64. 260. 2080., Mond: 9. 81. 369. 3321.

Wenn die jüdische Quabbalah die 10 Zahlen der Dekade und die 22 Buchstabenlaute als die ersten Emanationen aus dem Schöpfungsgrund des göttlichen Urwortes bezeichnet, so kommt sie dem Urweistum kosmischer Entstehung sehr nahe. Im Weltbild der Babylonier galten die ganzen Zahlen als Planetengötter, die gebrochenen Zahlen als Dämonien. So findest Du in allen Religionslehren dieses kosmische Weistum verborgen. Jedenfalls wurde nicht nur in der jüdischen Theorie oder in der arabischen Praxis die Zahl als Form und Substanz betrachtet, sondern die Verankerungen dieses Wissens liegen wiederum in atlantischen Religions- und Weltlehren.

Ich sagte Dir bereits: Die steigende geistige Entwicklung eines Menschen in kosmischer Beziehung zu den Planeten-Kraftzentren gedacht, führt unweigerlich in das Raumkraftfeld des Saturn.

Wenn der Mensch den neunfachen Ring des Saturn diagonal bewusst durchschneiden will, so wird er merken, dass ihm die Kraft dazu fehlt, dass dies ein Ding der Unmöglichkeit ist. Denn das neunfache Kraftfeld schwingt, den Spiralgesetzen gehorchend, gleichsam nach innen, dem Kernpunkt zu, der inneren neunten Sphäre zugeneigt, in einem aufsaugenden Kristallisierungsprozess.

Merkur.

8	58	59	5	4	62	63	1
49	15	14	52	53	11	10	56
41	23	22	44	45	19	18	48
32	34	35	29	28	38	39	25
40	26	27	37	36	30	31	33
17	47	46	20	21	43	42	24
9	55	54	12	13	51	50	16
64	2	3	61	60	6	7	57

Venus.

22	47	16	41	10	35	4
5	23	48	17	42	11	29
30	6	24	49	18	36	12
13	31	7	25	43	19	37
38	14	32	1	26	44	20
21	39	8	33	2	27	45
46	15	40	9	34	3	28

Sonne.

6	32	3	34	35	1
7	11	27	28	8	30
19	14	16	15	23	24
18	20	22	21	17	13
25	29	10	9	26	12
36	5	33	4	2	31

Mond.

37	78	29	70	21	62	13	54	5
6	38	79	30	71	22	63	14	46
47	7	39	80	31	72	23	55	15
16	48	8	40	81	32	64	24	56
57	17	49	9	41	73	33	65	25
26	58	18	50	1	42	74	34	66
67	27	59	10	51	2	43	75	35
36	68	19	60	11	52	3	44	76
77	28	69	20	61	12	53	4	45

Mars.

11	24	7	20	3
4	12	25	8	16
17	5	13	21	9
10	18	1	14	22
23	6	19	2	15

Saturn.

4	9	2
3	5	7
8	1	6

Jupiter.

4	14	15	1
9	7	6	12
5	11	10	8
16	2	3	13

Der Mensch muss also in dieser Spiralschwingung langsam nach innen zu alle Stationen der Reife durchlaufen. Diese Stationen der äußeren Hülle sind die Stationen des Leides. Ist er an die Linie des fünften äußeren Ringes gelangt, so steht er an der Grenze seines geistigen fünfsinnigen Wachstum, er hat sein Pentagrammsymbol erfüllt, und überschreitet in den nächsten Entwicklungsstadien die Schwelle. Dann erkennt er Saturn als den Hüter. Vor seinem inneren Auge erscheint Saturnus in neuem Lichte. In seiner symbolischen Schau sieht er das Symbol als Spiegelbild, erkennt die Jupiternatur des großen Planetenwesens. Er erfühlt zugleich seine innerliche Umwandlung, die Umstellung der Lichter in seiner Seele, in seinem Geiste. Mars hat seine geistige niedere Oktave für ihn verloren. Der Magier schwingt nun geistig-seelisch auf einer Gefühls- und Willensbasis, die durchaus Saturn-Jupiter-Natur hat. Seine Lebenshandlungen werden immer mehr und mehr auf den Willensfaktor einer gerechten, gütigen Handlungsweise gedrängt. Es ist dann seine Pflicht, zum Weiterarbeiten diese Erkenntnistatsachen systematisch zu befestigen. Die saturnische Einsamkeit beginnt für ihn in einem warmen, reinen Lichte zu leuchten.

In jedem Lebensspiegel ist dieser Prozess des Überschreitens der Schwelle zu erkennen, wenn der Planet Saturn den Jupiterplatz in Konjunktion überschreitet. Fällt dieser Übergang in einen Lebensabschnitt, in dem die geistige Reife vorliegt, so kann dieser Umstellungsprozess bewusst magisch herbeigeführt werden durch eine magische Saturnzeremonie nach den magischen Regeln. Tritt, wie es der Fall sein kann, infolge der Rückläufigkeit des Saturn ein zweiter Übergang ein, so kann diese magische Zeremonie wiederholt werden nach den Praktiken der Jupitermagie. Sonst muss der Zeitpunkt des nächsten Übergangs nach 30 Jahren abgewartet werden, wobei allerdings der Versuch des gleichen Experimentes in den Trigonal- und Oppositionsstellungen des Saturn zum Jupiter versucht werden kann, ebenso bei den gleichen Jupiteraspekten zum Saturn. Voraussetzung dabei ist aber, dass die erste Saturn-Jupiter-Konjunktion magisch benutzt wurde.

Es ist Dir wohl nun längst klar, dass ein Priesterastrologe, wie ich ihn nennen will, zugleich Priester-Magier sein muss. Kosmische Astrologie und kosmische Magie sind ein Wissen.

Symbolisch bildhaft würde man einen solchen Meister so darstellen: Er trägt in seiner linken Hand den Siebenstern, in seiner rechten Hand den Jupiter, und auf seiner Stirn im Stirnband den Neptun. Symbolisch ausgedrückt im Dreieck: Links Saturn, rechts Jupiter, an der Spitze Neptun, in der Mitte das Heptagramm.

Um uns nun mehr in die kosmische Astrologie zu versenken, müssen wir immer wieder von verschiedenen Ausgangspunkten versuchen, sie zu verstehen.

Auch jetzt beginnen wir wieder mit dem Unaussprechlichen, mit Atma. Die erste sichtbare Emanation von Atma ist das Laya-Zentrum. Das erste Symbol des Laya-Zentrums ist der punktierte Kreis, das Symbol des Sonnenlogos:

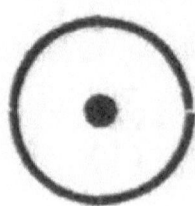

Merke Dir also: Das Layazentrum enthält das ewig Unausprechliche, Göttliche, konzentriert mit allen seinen Eigenschaften. Es setzt sich zusammen aus Gut und Böse, aus Gott und Teufel, aus Positiv und Negativ, aus Plus und Minus, aus Licht und Finsternis.
Deshalb sind auch die äußeren fünf Schwingungssphären der Sonne schwarz und für uns unsichtbar. Dies ist ein großes Geheimnis. Aus diesem Grunde ist auch der Saturn, der dunkle mystische Begleiter, der dunkle Bruder der Sonne in der jetzigen kosmischen Entwicklungsphase. Den inneren Kern des Sonnenlogos, das Laya-Zentrum, welches uns sichtbar wurde, bezeichnen wir als

Sat,

Sat, der erste sichtbare Aspekt von Atma. Sat sandte nun seinen Sohn

Fohat

zum höchsten Plane der Manifestation hinab als dunklen Lichtstrahl. Fohat ist also der erste Willensimpuls von Sat, und symbolisierte sich in seiner Manifestation als Symbol des Dreiecks auf der höchsten, mahaparanirvanischen Ebene. Er wurde sichtbar. Aus Sat wurde die erste Emanation, also die Tat.

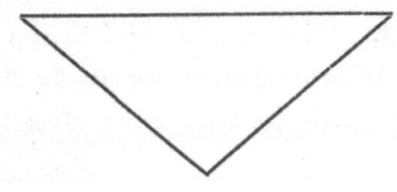

Wir haben hier also einen rein positiven, göttlichen Willensimpuls vor uns, der die reinste göttliche Harmonie enthält, der in seiner Drei-Harmonie schwingt und Vater, Mutter und Sohn zugleich ist.
Es wurde also aus dem Laya-Zentrum die geistige Idee durch Fohat zur Form.
Das göttliche Symbol des Dreiecks enthält also die drei Eigenschaften, die in ihrer geistigen Schwingung zur Harmonie nötig sind:

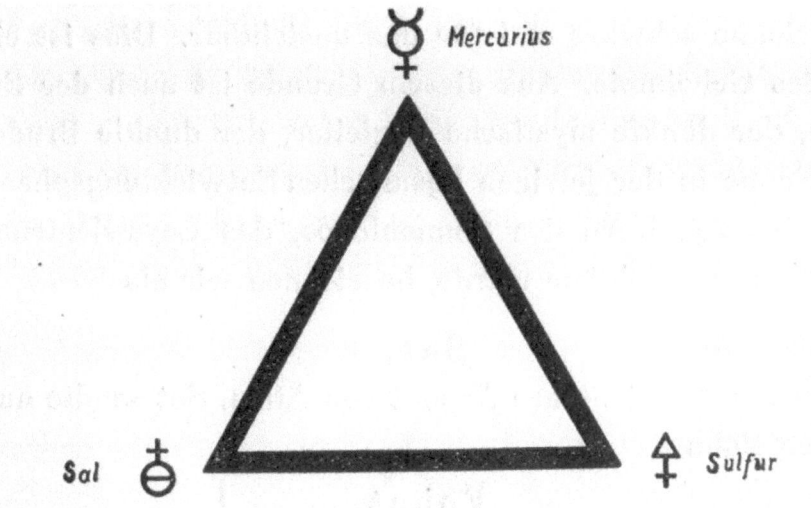

- Sal, das Salz, das Seiende, die verharrende, kristallisierende geistige Materie,
- Sulfur, der Schwefel, die verflüchtende, feurige, konzentrierte, positive, in Bewegung befindliche Materie,
- Mercurius, die am stärksten verdichtete, gebundene Materie, die geistige Weisheit, die trotzdem immer im Fluss ist.

So enthält:
- Sal zugleich die Farbe als geistigen Ursprung,
- Sulfur die Zeit als geistigen Ursprung,
- Mercurius den Raum als geistigen Ursprung.

Aus Farbe entstand Bewegung, aus Bewegung der Ton. Aus Materie entstand die Zeit und aus Zeit der Raum. Wir haben hier also die drei

geistigen Aspekte des Laya- Zentrum emaniert vor uns.
Der göttliche Strahl von Fohat drang nun in kosmischem Sinne in unser Universum ein, wie ein Zeugungsstrahl in den Schoß der Mutter, um weiter sich zu emanieren.

Dieser göttliche Strahl teilte die Mutter in zwei Teile, durchschnitt sie gleichsam und ließ sie, nun befruchtet, zum Aufkeimen kommen.
Hier siehst Du die kosmische Entstehung des Symbols des Tierkreiszeichens Widder, den Anfang der großen astrologischen Symphonie, das Zeichen der stärksten Positivität, das zugleich auch ungeheuer befruchtend in allen seinen Spannungswirkungen ist.

Die große Tragik ist nun, dass hiermit, in dem die Harmonie, der Kreis, durchschnitten wurde, das rein positive Element, sichtbar in Erscheinung

trat, und dass damit der Ursprung des bösen Prinzips gegeben wurde, das allerdings auch heute noch falsch verstanden wird. Denn nur die Auswirkung dieser Positivität wird vom Menschengeschlecht falsch gewertet.
Denn zugleich durch diesen kosmischen Vorgang entstand der Ur-Rhythmus der Liebe, symbolisiert durch das entstandene Symbol des Herzens. Denn Fohat war zugleich der Strahl der Liebe, der von Atma aus dem göttlichen Plan durch das Wort herabkam. Der Liebesimpuls ist ja zugleich der beharrende Wille zum Leben. Wenn das Organ Herz nicht mehr schlägt, dann erstirbt das Leben.

Kosmisch gesagt: Durch die Teilung von Gut und Böse entstand zuerst der Begriff des Todes. Indem Fohat den harmonischen Kreis der Mutter teilte, trat die Quadratur des Kreises in Erscheinung, die ja heute nur esoterisch zu lösen ist. Mit dieser Quadratur des Geistes entstand das Grundsymbol des alten Mysterium Magnum, indem innerhalb der nun befruchteten göttlichen Mutter-Sonne die vier Elohim Feuer, Wasser, Luft und Erde auf den sichtbaren Plan der Manifestation in Erscheinung traten.

So wurde also aus der harmonischen Kreisform des Laya-Zentrums die quadratische Form des Gegenpols, die Disharmonie. Fohat war nun also verkörpert in der Form des Quadrates und schwang in dem Begriff des Raumes. Er senkte sich in diesem Raume als Funke zur Erde, welcher in sich die Form hatte in folgender

Reihenfolge:

Es war also in seinem Werdegang

Punkt	=	Idee
Strich	=	Befruchter
Dreieck	=	verkörperte Harmonie
Quadrat	=	kristallisierte Kraft im Raumfeld

Es bedeutet also:

- Punkt: Das absolute Nichts oder die Idee.
- Strich: Die unwandelbar in die Ewigkeit reichende Zeit.
- Dreieck: Die vollendete Harmonie.
- Quadrat: den Raum oder die Disharmonie.

Es entstanden hiermit im symbolischen Ursprung, – Du musst Dich geistig vor dieser Weisheit verneigen, – die astrologischen Aspekte als Eigenschaften des manifestierten göttlichen Geistes:
- Der Punkt ist die Konjunktion,
- der Strich ist die Opposition,

- das Dreieck ist das Trigon,
- das Quadrat ist die Quadratur.

Damit hast Du nun die geistige, kosmische Bedeutung, dass die planetarische Konjunktion im Menschen den mitgegebenen kosmischen Ruhepunkt darstellt, also sein Laya-Zentrum in sich selbst. Eine Sonnenkonjunktion ist ein klarer Hinweis auf die Reinkarnationsforschung.
Die Opposition bedeutet die zeitliche Spannung, in der sich der Mensch während seines Lebens befindet.
Das Trigon stellt die mitgegebenen harmonischen Kräfte dar und die Basis seiner Entwicklung.
Die Quadratur begründet seine disharmonischen Unfähigkeiten, seine karmischen Belastungen.
Die erste Inkarnation eines Menschen in einer Runde erfolgt demzufolge stets in dem ersten Dekanat des Widderzeichens. Widder als Ascendent ist der Ausgangspunkt einer Inkarnationsreihe.
Es ist klar, dass eine Opposition nur eine verschärfte Quadratur bedeuten kann, also eine zu lösende Aufgabe. Ein Trigon bedeutet nur eine gemilderte Quadratur. Es ist ferner klar, dass eine Quadratur sich zum Dreieck wandelt, wenn Du sie gelöst hast, denn es ist alles im zeitlichen Fluss nach dem göttlichen Harmoniegesetz des Mercurius.
Man kann also nicht mehr von bösen und guten Aspekten sprechen, sondern nur von Bindungen und Trennungen der göttlichen Schwingung des Universalrhythmus in uns. Wohl kann man nach dem Schärfegrad der Quadratur, nach der starken Spannung der Oppositionen, den inneren kosmischen Reifegrad eines Menschen ohne Weiteres erkennen. Aus diesem Grunde müssen uns als Ausgangspunkt für die magisch-kosmische Betrachtung eines Horoskopes immer die Konjunktionen gelten. Die Trigone treten nur als mildernde Begleitumstände in Erscheinung. Wer die mitgegeben Waffe eines Trigones nicht versteht, für den ist sie nutzlos. Er gleicht dem Menschen, dem Waffe und Wehr in die Hand gegeben wird und der sie nicht zu benutzen versteht. Deshalb sind sogar die besten Trigone nutzlos in der Hand eines geistig stillstehenden, nicht bewusst an seiner Entwicklung arbeitenden Menschen.

Hier haben wir nun die kosmische Erklärung der geheimen lautmagischen Urformel:

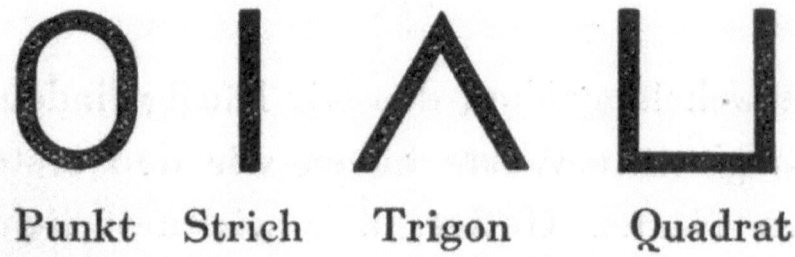

Punkt   Strich   Trigon   Quadrat

Als Fohat diese Formel

O I A U

aussprach, entstand der schöpferische Laut, und Fohat trat als der erste geistige Gottmensch auf den höchsten Plan der Manifestationen, als Adam Kadmon in Erscheinung. Wir müssen also den Gottmenschen Adam Kadmon, dessen Körper als Weltenbaum unser Sonnensystem umfasst, als den höchsten Geist und unseren höchsten Bruder im Sinne der kosmischen Bildgesetze ansehen.

Er ist der Mittler, durch den wir geistig im Sinne der Alliebe, der Allharmonie und der Allseele befruchtet werden. Sein Symbol ist das Hexagramm.

Es ist ein Geheimsymbol, das wir häufig finden, denn es verkörpert die Hagal-Rune. In dem magischen Worten haben wir den ersten ausgesprochenen Namen Gottes, den wir natürlich auch in Sanskrit oder in hebräischen Buchstaben wiedergeben können.

Adam Kadmon umfasst also in seinem Symbol die göttliche Dreiheit: Sal – Sulfur – Mercurius in höchster Potenz, in ihrer höchsten geistigen Verdichtungsform, und in ihrer geistigen materiellen Bindung! In der magischen Formel

liegt auch das Geheimnis der Zahl Zehn verborgen.

Aus der Idee und der Zeit, aus Punkt „•" und Strich „I" entstand, im Spiegelbild gesehen, die Zehn 10. Diese Zehn, also Fohat, liegt vom harmonischen Symbol des Dreiecks, von der Harmonie umschlossen, im Raum, im Quadrat, verankert und verborgen.

Da Fohat, die Urkraft unseres Sonnensystems, nach oben und unten gleichmäßig ausstrahlt, also symbolisch aus dem Raumfeld sich darstellen lässt, entsteht so die aufgelöste Figur des Zehnecks,

die also als sekundäre symbolische Erklärung der beiden ersten. Buchstaben des Gottesnamens OIAU zu denken ist, aber auch zugleich den Zusammenhang und die Verbindung mit den beiden letzten Buchstaben symbolisch beweist.
Beide zusammen ergeben die Zahl acht.

$$O I = 10 = 1$$
$$\Box \triangle = 7 = 7$$
$$\overline{\ 8 = ħ \text{ Saturn.}}$$

Also ist dieses Symbol:

die stärkste dargestellte Verdichtung des Fohat.
Mit der Verbindung der ersten beiden Buchstaben Gottes, der Zehn, und den beiden letzten Buchstaben, des Dreiecks und des Vierecks, kamen die Gesetze der Polarität in die Erscheinungsform. Die geistige Idee des Saturn, des Gegenpols der Sonne, gelangte zur kosmischen Bildung. Der kosmische Mensch Adam Kadmon war nun vollendet und in sich ausgeglichen.
Über die geistigen kosmischen Wesenheiten Uranus und Neptun, die nicht zu diesem geistigen Evolutionsplan gehören, bekommst Du in einem höheren Grade Aufschluss.
Du hast nun von mir mit diesen Ausführungen zugleich eine Anzahl Symbole erhalten, die sämtlich zu den Ur-Symbolen gehören, da sie kosmischen Ursprunges sind. Es ist klar, dass diese Symbole starken magischen Inhalt haben. Ich stelle Dir hiermit die Aufgabe, sie in den Runen-Meditations-Übungen zu verwenden, indem Du versuchst, sie im Bewusstsein meditativ zu erfühlen. Immer wirst Du feststellen können, dass sie Dir eine wunderbare Kraft und innerliche Ruhe zuführen und geben. Sie liegen alle auf hohen geistigen Plänen. Es ist gut, dass die Menschheit im Allgemeinen die esoterische und magische Bedeutung dieser Symbole erst jetzt kennt und erfasst.
Ich will Dir nunmehr eine Erklärung der zwei nachstehenden Symbole geben, welche mit in diese Kategorie der Ur-Symbole gehören, zumal ihre kosmisch-symbolische Erklärung nicht nur an unsere Gedankengänge sich

anschließt, sondern auch ein Bindeglied ist in diesen kosmischen Erklärungen der magischen Symbolik.

Dieses Symbol des Tau hat eine tiefe esoterische Bedeutung. In ihm ist das Tau umschlossen von dem Kreis, dem Symbol der Ewigkeit und der Schlange der Weisheit. Die Ewigkeit umschließt also das schöpferische Prinzip, das Tau, das Tat-Ur-Symbol des Menschen. Die Zeit ist noch nicht in Erscheinung getreten, denn die Ewigkeit ist noch nicht in der Zeit aufgelöst. Deshalb liegt dieses Ur-Symbol in einer sehr hohen Daseins-Ebene.

Hier siehst Du, wie der Kreisbogen, das Symbol der Zeit,

auseinandergebogen ist in der Form des kabbalistischen Buchstaben „S". Der Kreis ist aufgelöst um den Menschen gewunden. Die Ewigkeit löste sich in der Zeit auf; der Mensch trat in die zeitliche Erscheinungswelt, der schöpferische Gedanke, gefasst von Atma, wurde zeitlich. Kosmologisch entstand hier zu diesem Zeitpunkt unser Sonnen-System oder der kosmische Mensch Adam Kadmon, wie bereits vorher gesagt, symbolisch dargestellt.

Hier in diesem Symbol haben wir den Menschen, das Tau, umgeben von einem irdischen Plan, von dem Quadrat und dem Symbol des Raumes der Materie. Noch ist das Quadrat geschlossen, noch ist die Tat, die Idee geistig kosmisch, noch nicht irdisch. Dieser geistige *Schöpfungsakt* wird nun materiell, wenn wir in ähnlicher Weise, wie bei dem ersten Symbol, die Linien des Quadrates auseinanderbiegen. Wir erhalten dann den Buchstaben Z.

Kosmologisch entstand zu diesem Zeitpunkt unsere Erde.

Esoterisch ist hiermit die Quadratur des Kreises symbolisch gelöst. Entstammt dem ersten Symbole der Buchstabe „S", so formt sich aus dem 2. Symbole der Buchstabe „Z". Aus dem weichen, göttlichen wohlklingenden Laut „S", der ohne Ton ist, entstand der scharfe Laut „Z", der erste Ton. Das schöpferische Prinzip des göttlichen Wohllautes „S" begann sich zu erhärten zunächst zum T, übergehend zum Z, denn wenn Du lautlich den Buchstaben „S" schnell sprichst, wirst Du merken, dass der Laut des Buchstaben „Z" weiter nichts ist als eine schnelle Luftschwingung der Buchstaben „S-T-Z".

Aus Sat wurde das Wort Tat!
Aus Laut durch Klang zum Ton!

„Durch den Ton ward die Welt geschaffen", lautet eine alte Überlieferung. Der Geheimbruderschaft ist darüber mehr bekannt, denn hier liegt die Kenntnis der Urkraft des Vril, über die zu sagen mir vorläufig verboten ist. Der kosmische Schwingungszustand dieser Kraft liegt jedenfalls ätherisch zwischen den Raumkraftfeldern von Venus und Uranus, soviel sei Dir davon gesagt.

Es trat nun also aus dem schöpferischen Tat-Prinzip das zerstörende Prinzip in Erscheinung durch den Ton des „Z". Alle Worte der deutschen Sprache, die irgendetwas Zerstörendes, Niederreißendes bezeichnen, fangen mit diesem Buchstaben sprachlich an wie: Zerstörung, Zerschmetterung, Zertrümmerung, Zerrissenheit, Zerfall und soviele andere. Schon daraus geht hervor, dass besonders die deutsche Sprache eng verwandt ist mit der Ursprache der Natur, denn sie gibt den Klang der Natur und damit den Klang des Kosmos am richtigsten wieder. Das Runen-Weistum der Arier enthält so manche wichtigen Geheimnisse, welche Dir gänzlich enthüllt werden, wenn Du einst in die Reihe derjenigen Brüder treten darfst, in deren Händen das geistige Schicksal der deutschen Gaue und Lande liegt.

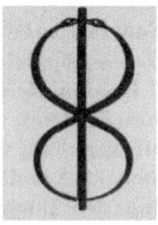

Das obige Dir ja auch bekannte Symbol des Äskulapstabes, des Zeichens der Ärzte, verbirgt die gleiche, Dir soeben enthüllte, esoterische Bedeutung. Zwei Zeitprinzipien gut und böse kämpfen um die Tat, um das Leben des Menschen, um den Menschen selbst. Siegt die Schlange rechts, entsteht das Leben, die Tat. Siegt die Schlange links, geht das Leben zurück in die Ewigkeit. Es ist eine uralte Symbolik. Die heutigen Ärzte, die Vertreter einer exakten und unbeseelten Wissenschaft, wissen davon nichts mehr Früher aber, als der Arzt noch Priester war, und die Krankheiten der Menschen im seelischen Ursprung erkannte, die primäre Ursache im Geist erfühlte und nach kosmischen Gesetzen heilte, da wusste er auch mehr von den tiefen Verankerungen seines Standes und seinen geistigen Aufgaben im Kosmos.

Du wirst jetzt merken, wie die Dir soeben gegebenen Lehren sich gleichsam anschließen an das Wissen, welches Dir im Briefe, welcher die Formen- und Symbol-Magie behandelt, gegeben wurde. Tatsächlich geht dieses obige Wissen und diese esoterischen Lehren der Formen und Symbol-Magie, der Runen, voraus. Der kosmische Aufbau wie er dort geschildert ist, schließt sich hier an. So erhältst Du, wie Du siehst, Glied auf Glied einer Kette von Wissen, welches sich ineinander schlingt zu einem festen Gefüge der Erkenntnis.

Im Ur-Rhythmus schwingt das Weltall und diese Rhythmus liegt in allen Dingen verborgen. Vom Urbeginn ist alles Bewegung. Die Bewegung der Dinge ist die Zeit.

Wenn das kosmische Auge im Menschen erwacht, und er bewußt seinen Rhythmus in sich erfühlt, erkennt und beherrscht, ist für ihn die Zeit vollendet, denn er steht nun außerhalb der Zeit- und Raumgesetze und schwingt innerhalb des großen kosmischen Rhythmus. Dann ist der kosmische Mensch vollendet.

Der Rhythmus des Kosmos ist die Einatmung – Pralaja – und die Ausatmun – Manvantara – Atmas. Ein Manvantara umfasst 49 Daseinspläne, und in jedem Erleben eines solchen Daseinsplanes pulsiert der kosmische Rhythmus im Menschen stärker. Symbolisch ist der Rhythmus der Ein- und Ausatmung durch folgendes Ur-Symbol dargestellt:

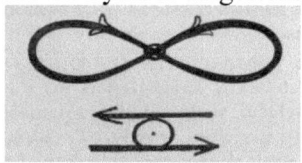

Die Lemniskate bezeichnet den Ur-Rhythmus, der das Leben und den Willen Gottes darstellt. Dieser Ur-Rhythmus vereinigt sich, kreuzt sich, wird zur Einheit im Kreis im absoluten Nichts; deshalb ist dieses Symbol das Symbol des Mittelpunktes der Welt. Es ist das Zeichen für die Unendlichkeit, für den Ur-Rhythmus, die Ur-Harmonie.

In den früheren Daseinsplänen, als die Geistesformen sich noch in ätherischen Zuständen befanden und ihre Form eine Ellipse war, in der sich durch entstehende konzentrierte Kraftfelder Schwingungs-Zentren bildeten,

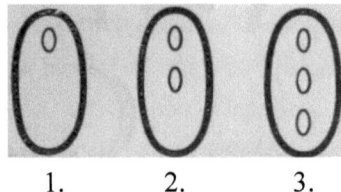

1.   2.   3.

kristallisierte sich zuerst in der Form der Ellipse das Zentrum (Abb. 1.). Später, in einer weiteren Runde kam dazu das Gefühls-Zentrum (Abb, 2.). In der dritten Runde bildete sich das Geschlechts-Zentrum, (siehe Abb. 3.). Als nun in der Entwicklungsphase des Denk-Zentrums dieses Zentrum in seiner Entwicklung seinen endgültigen Reifezustand erreichte, und das damalige rein kosmische Menschenwesen den Zusammenhang mit dem Ur-Rhythmus fand, entstand in seinem Denk-Zentrum ein kosmisches Organ,

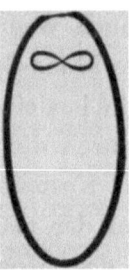

symbolisiert durch das Zeichen der Lemniskate in der Ellipse. Der kosmische Mensch wurde sehend, das Urbild der heutigen Augen entstand. Die Lemniskate ist zugleich das Sinnbild einer kosmischen Runde, die vom Widder-Punkt zum Widder-Punkt reicht.

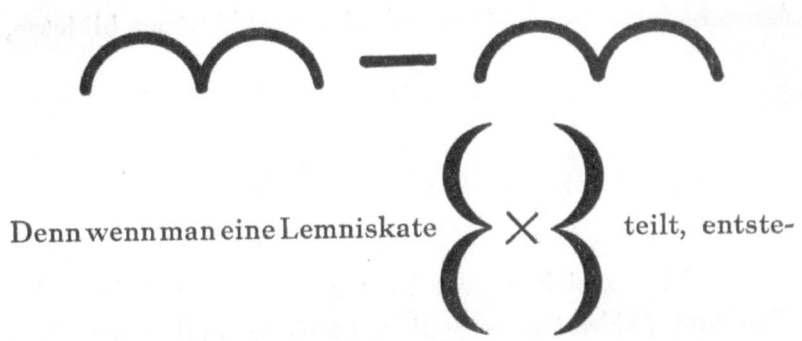

Denn wenn man eine Lemniskate teilt, entstehen zwei Widder-Zeichen. Der Geheimwissenschaftler ersieht daraus weiter, dass diese kosmische Runde 3 x 3 Lebenspläne umfasst, also immer im neunten Lebensplan ihren Anfang findet, also in der „8", der stehenden Lemniskate, im achten Lebensplan stets vollendet wird. Deswegen enthält die „8" als eine Urzahl in sich die Reife einer Vollendung. Man nennt sie auch die Hochheilige Acht! Es ist die höchste materielle Zahl in der geistigen Urzahlenreihe.

Es ist ein altes Wissen der Priester-Magier, dass alle magischen Intelligenzen, auch wenn sie kosmischer Natur sind, sich nur durch die Mond-Sphäre dem hiesigen Daseinsplan nähern oder in ihn eindringen können. Umgekehrt kann auch nur durch die Mond-Sphäre eine magische Verbindung zum Kosmos aufgenommen werden. Der Mond ist gleichsam der magische Mund der Erde. Die magische Glyphe des Mondes deutet symbolisch

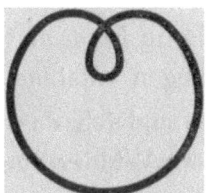

darauf hin. Der Geheimwissenschaftler ersieht aus diesem Symbol, dass es nicht nur den Mond symbolisiert zum Ausstoßen und Ausatmen der magischen Kräfte, sondern dass es zugleich ein Geschlechts-Symbol, eine Entsprechung des weiblichen Organes, zum Empfangen, zum magischen Aufnehmen darstellt.

Interessant ist auch, dass bei einer Konjunktion Saturn-Mond niemals eine Befruchtung der Frau möglich ist. Saturn schließt gleichsam das Empfangssymbol. Andererseits aber ist ein magisches Experiment in dieser Zeit besonders wirkungsvoll und ausführbar, da Mond- und Saturn-Kräfte zusammenfließen, also der Mond zu der Erde in einer Linie gleichsam offen steht, jedoch nur in voller Phase, niemals bei abnehmenden Monde oder Neumond.

Wer diese magisch-kosmischen Zusammenhänge versteht, dem erschließt sich die Unio Mystico in steigendem Maße. Die Vereinigung mit Gott wird geistig, seelisch und magisch vollzogen. Darin unterscheidet sich ja der Priester-Magier von dem rein religiös schwingenden und empfindenden Menschen, dass ihn sein religiöser Genius nicht nur intuitiv den Weg zur Gotterkenntnis weist, sondern dass auch seine magische Kraft ihn zu einer Identität mit dem Universum kommen lässt, die so weit gehen kann, dass er durch Kontakte mit den Planetenwesen und denen des Sonnen-Systems ihre geheimen Energie-Quellen nicht nur spürt, sondern bewusst anwenden und anziehen kann. **Bewusstes magisches Erleben ist undenkbar ohne kosmisches Bewusstsein.** Die Zentralisierung der Intuitionskräfte in der Zirbeldrüse genügt nicht allein, sondern es muss zugleich eine Verbindung, ein Kontakt mit den Schwingungen des zentralisierten Solarplexus geschehen. Erst dann kann man Malchut bewusst erleben und die magnetischen, fluidalen Kräfte der Erde magisch verwenden. Erst dann steht der Magier mit beiden Füßen fest auf dem Boden, sein Haupt berührt den Kosmos.

Malchut

Dem Geheimwissenschaftler ist auch bekannt, dass das Tierkreiszeichen Krebs eine ebenso große Wichtigkeit hat wie das Tierkreiszeichen Widder, denn Krebs ist der geistige Mittelpunkt der Welt, in dem sich alle anderen Tierkreiszeichen wiederspiegeln. Es saugt gleichsam wie eine Linse alle anderen Kräfte auf und ist daher nicht nur ungeheuer aufnahme- und empfangsfähig, sondern es gilt auch als das stärkste, fruchtbarste Tierkreiszeichen. Nicht ohne Grund wird es vom Mond beherrscht, und nicht ohne Grund sind die Frauen, die im Tierkreiszeichen Krebs geboren sind, so ungeheuer empfänglich. Der magische Weg zu den Müttern geht nur durch das Zeichen Krebs und seine kosmisch magischen Kräfte.

Kosmisch ist das eben gesagte begründet durch die Geheimzahl 69, die Geheimzahl der Umkehrung und zugleich der Ergänzung.

$6 + 9 = 15 = 6$. 6 ist, wie Du weißt, die Universal-Zahl der Geist-Materie.

$6 \times 9 = 54 = 9$ ist die Geheimzahl einer geistigen Entwicklungsrunde unseres Daseinsplanes. Also enthält das Krebszeichen alle Entwicklungsmöglichkeiten in sich. Es ist die befruchtete Mutter, die alles aus sich gebären kann, je nachdem, von wem sie befruchtet wird. Deswegen sind Menschen, die im Tierkreiszeichen Krebs geboren sind, immer nicht nur wandelbar, sondern sie entwickeln sich je nach ihren stärksten Planeten-Einflüssen in der Evolution ihres Reifetums.

Interessant ist es auch, dass das Symbol des Krebses in seiner Zeichnung deutlich den Hinweis auf die Samentierchen des männlichen Sperma hinweist, auch die Lage des Fötus ist im Symbol wiederzufinden. Also ist das Krebszeichen ein reines Geschlechtssymbol.

So wird Dir immer wieder der enge Zusammenhang der Astrologie, der Königlichen Wissenschaft, nicht nur mit der Magie, sondern mit der Geheimwissenschaft überhaupt, vor Augen geführt.

Die geistigen Intelligenzen der Planetenwesenheiten liegen in uns und um uns ausgebreitet und fließen in uns in sich ineinander, uns selbst durchflutend und gleichsam einhüllend.

Saturnus steht am Rande der Welt, am Ende einer kosmischen Runde. Er ist der Vollstrecker des Karmas und seiner Gesetze. Er ist in Wahrheit der Hüter der Schwelle.

Uranus, der Verläufer einer neuen gewaltigen kosmischen, sich uns nähernden Epoche, ist der Auslöser der saturnischen Kräfte auf mentalem Plane, er bringt sie uns geistig zum Bewusstsein; während Neptun diese Kräfte wiederum transformiert auf das Astrale Licht, auf den Astralplan, von welchem aus sie durch die Sammellinse des Mondes direkt auf unsere

physische Ebene, auf uns selbst und unsere Organe wirken.
Deshalb ist der Mond der Auslöser aller kosmischen transitorisch angezeigten und progressiv errechneten Gestirn-Konstellationen.
So ist die magische Astrologie tatsächlich eine Weltanschauung von größter Reichweite. Sie soll Dir mehr als Religion sein, nicht nur eine religionsphilosophische Betrachtung, sie soll Dir ein fühlbares Erlebnis Gottes sein, um durch die Möglichkeit eigener geistiger Kräfte den Weg zu Gott zu finden.
Die wissenschaftliche Astronomie ist ja das Wissen um die Gesetzmäßigkeit der Bewegung der Himmelskörper, sie ist das Wissen um die chemischen und physikalischen Zusammensetzungen der Gestirne, um die Naturgesetze des Himmels. Dabei ist sie jedoch durchaus fluktuierend in den Wissensergebnissen der einzelnen Jahrhunderte, der einzelnen Menschheitszyklen. Ihre eigenen Arbeitsdisziplinen ändern sich oft grundsätzlich! Dies ist Dir ja genügend bekannt.
Die esoterische Astrologie jedoch ist immer nur ein Einfühlen in den bestehenden Rhythmus des großen kosmischen Weltgeschehens, welches sich niemals in dieser Menschheitsepoche auch nur begrifflich in eine Norm fassen lassen wird, da dieses von unserem Daseinsplan aus einfach unmöglich ist.
Erfordernis für jeden Logenbruder, Hermetiker oder Okkultisten, der es mit seinem Studium ernst nimmt, ist natürlich das Wissen um die kulturgeschichtliche und geistesgeschichtliche Bedeutung der Astrologie. Der historische Teil ist als kulturgeschichtlich bedeutsamer Faktor wichtig genug, um das Geistesleben vergangener Kulturen beurteilen zu können. Für das eigentliche Studium der magischen Astrologie spielen die wissenschaftlichen Ergebnisse und Feststellungen der Astronomie jedoch keine Rolle, da es ja nur relative Werte und keine objektiven Raum- und Größenverhältnisse gibt. Außerdem sind die Neu-Orientierungen und Entdeckungen innerhalb der astronomischen Disziplin in den Fragen der Himmelsmechanik und in den Fragen der Raumverhältnisse noch so häufig, und die bisherigen Forschungsergebnisse so wenig feststehend, dass sie zu keiner Arbeitsbasis im esoterischen Sinne verwendet werden können, zumal sie nur auf irdisch subjektiven Wahrnehmungen beruhen und an die Unzulänglichkeit unserer optischen Instrumente und Berechnungen gebunden sind.
Da wir astronomisch keine objektiven Raumverhältnisse im Kosmos haben, so spielt also die Astronomie für das Wesen der esoterischen Astrologie

keine ausschlaggebende Rolle.
Es ist interessant, dass die neueste Kosmophysik wieder gewisse Verbindungslinien zur Astrologie zeigt, indem sie tatsächlich die Möglichkeit sich auswirkender kosmischer Strahlungskräfte – Planetenströme usw. – auf die Erde und damit auf das einzelne Individuum zu gibt. Die neuesten Messungergebnisse von Fixsternstrahlungen auf dem Mönchsjoch sind Dir ja bekannt. Auch die moderne Perioden- und Rhythmenlehre, wie sie die Forscher Flies und Swoboda aufstellen, bringen uns wiederum der Astrologie etwas näher. Aber auch sie haben mit dem esoterischen Sinn der Astrologie im Grunde nichts zu tun. Wenn Du Dir auf rein logischer, klarer Denkungsbetrachtung ausmalst, dass es doch unmöglich ist, unser Selbst aus der uns umgebenden Umwelt einfach herauszustellen, ohne dass es untergeht und verkommt, ich meine natürlich damit nicht den leiblichen Tod, so ist es auch undenkbar, dass wir unseren Planeten Erde einfach aus dem ihn umgebenden Sonnensystem herausstellen, dass wir als Einzelindividuum, als Planet, als unser gesamtes Sonnensystem etwa aus dem Gesamtuniversum herauszudenken, sondern wir müssen uns vorstellen, dass wir als Einzelindividium, als Planet, als Sonnensystem, an sich nur ein winziges Bindeglied in einem ungeheuren Rhythmus sind, ein Knotenpunkt einer unfassbaren Weltdynamik.
So musst Du Dir also den Begriff PARA-BRAHMAN oder GOTTHEIT, – um zu dem Grundbegriff der esoterischen Astrologie zu gelangen – erst einmal astro-kosmisch vorstellen, als einen ungeheuren Schwingungskomplex, als ein Riesengestirn, als eine Stern-Gigantin in einer umfassbaren Größe, in deren Schwingungs- oder Strahlungsbereich wir leben, von der wir restlos durchdrungen sind!
Gott ist in allem, Gott ist überall, Gott ist in uns, in jedem Dinge. Es kommt nur darauf an, sich dieser Allbeseelung bewusst zu werden, oder sich dem in uns schwingenden All-Rhythmus der Runen anzupassen, indem Du ihn erfühlst! So stellt jeder Augenblick im Leben des gesamten Kosmos, wie jeder Augenblick im Leben des einzelnen Individuums einen Zustand dar, einen Punkt in dem ungeheuer feinmaschigen Netz kosmischer Weltdynamik, der sich folgerichtig sekundär, infolge regelmäßig wiederkehrender Konstellationen oder Kräftezusammenstellungen, auswirken muss.
Um nun einen festen Punkt in der kosmischen Betrachtungsweise zu erhalten, müssen wir zunächst einmal von der Erde ausgehen. Nach der indischen Geheimlehre, die auch in diesem Sinne für uns maßgebend ist, –

denn die Inder besitzen überliefertes, uraltes atlantisches und lemurisches Wissen in der indischen Kosmo-Philosophie, sind, wenn auch spärlich, die Quellen der uralten Menschheits-Geheimlehre versickert. So müssen wir uns die Erde vorstellen in einem umfangreicheren Ausmaße als ihre feste Form darstellt. Und zwar reicht die Erdoberfläche mindestens bis zu jener Höhe, in welcher bei 24 stündiger Achsenrotation die Fliehkraft der Schwerkraft gleich wird. Dieses ist nach wissenschaftlicher Forschung in etwa 40000 km Entfernung vom Erdmittelpunkt der Fall. Nach dem Newtonschen Schwerkraftgesetz lässt die Schwerewirkung umgekehrt proportional dem Quadrat der Entfernung des Anziehungszentrums nach.

Der Schnittpunkt einer gedachten Fliehkraftgerade mit der Schwerkraftkurve, die man beide mathematisch berechnen kann, ist theoretisch die Grenze der äußeren Lufthülle der Erde, soweit diese Lufthülle mit der Erde rotiert. Bis dahin bezeichnet die Geheimlehre den Zustand dieser physischen Ebene als elektromagnetisches Prakriti. Prakriti ist also der Stoff unser gesamten Daseinsebene; er füllt den Globus der tatsächlichen Erde.

Wir leben also im eigentlichen Sinne nicht auf der Oberfläche der Erde, sondern am Grunde eines ca. 34000 km tiefen Luftozeans in einer schmalen Zone an der Grenze von fester Erde und einer gasförmigen, sich nach unten verdichtenden Lufthülse. Unter uns erstrecken sich weitere 6378 km bis zu dem Erdmittelpunkt.

Dieser Prakriti-Inhalt des gesamten Globus vermischt sich in seinem Aggregatzustande auf der Erdoberfläche, in der wir leben, im gewöhnlichen Sinne dadurch, dass er in drei Zuständen, in Luft, Flüssigkeit und gasförmigem Zustand existiert.

Genau dasselbe Bild müssen wir uns nun von einem Sonnenglobus machen, den wir mit einem Prana-Globus bezeichnen, der also die eigentlich sichtbare Sonne als Mittelpunkt hat, und der um eine Zentral-Sonne, nämlich den hellsten Stern der Plejaden, um den Fixstern ALKYONE kreist, und dessen Reichweite noch über das Raumkraftfeld des Saturns hinausreicht.

Aber auch hier dürfen wir nicht stehen bleiben. Auch Alkyone ist der Mittelpunkt eines großen Globus, den wir als KAMA-GLOBUS bezeichnen. Es ist sogar sicher, dass viele derartige Kama-Globen wiederum um einen Kern kreisen, also innerhalb eines ungeheuren Globus schweben, den wir als MANASSA-GLOBUS bezeichnen. Eine weitere Steigung ist jetzt nicht mehr möglich, sondern hier endet unser bekanntes

physisches Universum, unser materielles Universum in seinen feinsten Schwingungsmöglichkeiten; wobei zu bedenken ist, dass das Wort materiell auch sogar feinstofflich aufzufassen ist, und auf der Grenze zum substantiellen steht.
Logischerweise gibt es natürlich jenseits des Manassa-Globus noch rein spirituelle Globen!
Diese zuletzt genannten spirituellen, universellen Zustände dürfen uns vorläufig nicht ablenken, sondern wir müssen nun wiederum in unser Universum zurückkehren. Unser Sonnenlogos, der Prana-Globus, kommt ja im eigentlichen Sinne für uns nur in Betracht.
Die Planeten schwingen nun innerhalb dieses großen Prana-Meeres als an und für sich selbständige Wesenheiten, die natürlich Kinder oder Teile der Wesenheit der Sonne sind, geboren, ausgestoßen – nach der Theorie von Hörbiger – durch Explosion der Sonnenmutter-Gigantin, also geboren, ausgestoßen, durch den Sonnenlogos in kosmischer Geburt.
Da unser höchstes menschliches Wahrnehmungsvermögen auf dem Gebiete der Mathematik, der höheren Zahlenordnung, liegt, so ist es ganz klar, dass die Gesetzmäßigkeit der kosmischen Zusammenhänge dieser Geburt nur hier zu finden ist. Und die Lösung liegt so einfach in dem Zahlensatz des GOLDENEN SCHNITTES, in der Zahlen-Anordnung

$$1 \quad 5 \quad 8 \quad 13$$

Dieses Zahlengesetz trat in Kraft, als die Schaffung, die Geburt unseres Sonnensystems, unserer Planetensysteme vollendet war. Demzufolge verfügte dieses Sonnensystem anfänglich über eine Kette von 13 Großen Gestirnen, an die Einheit des Sonnenlogos schlossen sich also 12 weitere Wesenheiten.
Der Sonnenlogos schwang in der schöpferischen Einheit, gebärend nach dem Zahlengesetz des Goldenen Schnittes 12 Planeten, welche verbunden sind zu Planetenketten nach dem gleichen Zahlengesetz.
Die Ausatmung vollzog sich, um in die Einatmung wieder überzugehen, in welchem Zustand wir uns zur Zeit befinden. Dieser Zustand in seiner jetzigen geistigen Auswirkung strebt natürlich nach dem Gesetz der Zusammenziehung zu einer Harmonisierung, zu einem Ausgleich der Kräfte innerhalb dieser Planetenketten; mystisch gesagt: Es setzt ein Zurückfinden zum Logos, zur Mutter, zum Vater ein.
Darin liegt der Ursprung, bis zum Einzelindividium hinuntergehend, zu

einem Sehnen nach Höherentwicklung, zu einem Gott-Wiederfinden!
So hat also nach einem nicht messbaren Zeitraume eine den Spiralgesetzen gehorchende Rückwärtsbewegung der 12 Planeten nach der Sonne zu, eingesetzt, der zugleich als Parallelerscheinung eine Zusammenziehung, eine Konzentrierung erfolgte, die zu einer gewissen Kräftegruppierung innerhalb der Planeten, also zu der Bildung von geistigen Planetenketten führte, wobei natürlich, die Größe, die Dichtigkeit, und das spirituelle Stärkeverhältnis der einzelnen Planeten eine große Rolle spielte. Diese Kristallisierung ist noch nicht zu Ende und noch im vollen Gange. Diesen Werdeprozess vollzogen die Planeten auch in und um sich selbst, indem sie die in ihre Reichweite gelangenden kleineren kosmischen Körper, ihre jeweiligen Monde, nach dem gleichen Spiralgesetze, in sich einzogen.

So kann man annehmen, dass zwei sogenannte innermerkurielle Planeten existiert haben, deren einer bereits in seiner Rückwärtsbewegung wieder in die engeren Sphäre der Sonne gelangt ist, also der Sonne eingekörpert wurde, während der zweite vom heutigen Merkur absorbiert wurde. So bestand zunächst mit der Sonne als Einheit, als Ausgangspunkt, eine Kräftegruppe von 5 besonders spirituellen Planeten, nämlich:

Pluto	Vulkan	Merkur	Venus	Erde

welche zusammen in einem spirituellen Sphärenakkord schwangen, und durch die kosmische Zahl 5 repräsentiert wurden.
Eine gleiche spirituelle Harmonie, gleichsam niederer Oktave, bestand zwischen folgender Planetenkette:

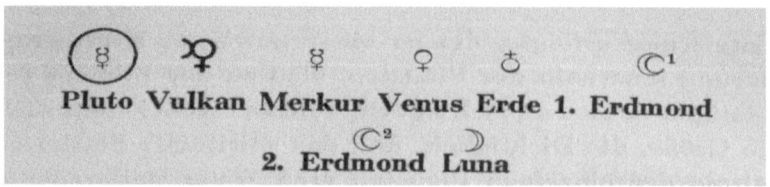
Pluto Vulkan Merkur Venus Erde 1. Erdmond
2. Erdmond Luna

welche durch die kosmische Zahl 8 repräsendiert wurde.

Die nächste spirituelle Planetenkette dritter Ordnung ist:

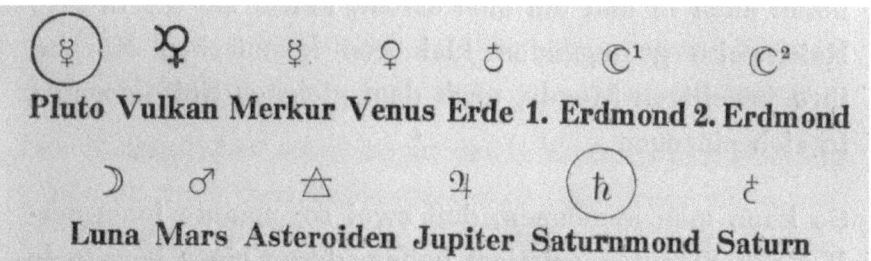

repräsentiert durch die kosmische Zahlt 13.
So umschließt also nach dem Gesetz des GOLDENEN SCHNITTES die Zahl 13 drei Planetengruppen, außer der Sonneneinheit.
Die Wandlung, welche sich im Laufe der Jahrmillionen vollzog, führte zunächst innerhalb dieser Planetengruppen zur Einverleibung der beiden Erdmonde in unseren Planeten Erde, wodurch bei dem Niedergang des ersten Mondes der Erdteil Lemuria unterging, den wir also dann als Lemuria-Mond bezeichnen (1 Mond).
Die Ausstoßung des 2. Erdmondes brachte die große Erd-Katastrophe, den Untergang von Atlantis mit sich, während sich ein ähnlicher Prozess durch das Auflösen bzw. Zerstörung des unbekannten, außerhalb der Marsbahn schwebenden Planeten vollzog, dessen Trümmer wir noch als ASTEROIDEN kennen.
Auch der Saturn nahm den ihm zunächst dem Jupiter zu liegenden Planeten in sich auf, der heute noch als Saturnring sichtbar ist, der Aufnahmeprozess ist noch nicht vollendet.
So ist es erklärlich, durch das Beispiel der Asteroiden und des Saturnringes, dass sich derartige Einverleibungsprozesse durch große Zeitperioden hinziehen.
Als nächster Planet wird wohl der Merkur in die Sonne eintauchen, während der wahrscheinliche Niedergang unseres jetzigen Erdmondes die nächste große Erdsintflut nach sich ziehen wird. Dann kommt eine Zeit, wo der Mars als Mond an unserem Himmel steht und auch hier wird nach Jahrmillionen eine Vereinigung mit unserer Erde stattfinden. Wir müssen nun in der Kosmosophie, soweit sie für magische Zwecke, als magische

Astrologie, in Betracht kommt, den jetzigen, für unser Zeitalter in Betracht kommenden Kräftezustand, resp. das Zusammenklingen der Planetengruppen wie folgt, beurteilen:

schwingen im Dreiklang, repräsentiert durch die Zahl 3. Die kosmische Zahl der Sonne ist 6, da sie selbst als Einheit schon in einem dreifachen Aspekt schwingt.

schwingen im Zweiklang, repräsentiert durch die Zahl 2.

schwingen im Vierakkord. repräsentiert durch die Zahl 4. Diese drei Harmonien, zusammengezählt, ergeben die Gesamtsumme „9", also die kosmische Zahl 9 (2 x 9 = 18!), welche in sich in der heutigen Zeit als höchste Einheitszahl unser tatsächliches Weltbild in der Ausdehnung darstellt.

Der rein magische Zustand der Planeten, fühlbar in den unteren Daseinsebenen, im Astrallicht und auf der physischen Ebene, wird dargestellt durch folgende Gruppierungen:

Merkur, Venus, Erde, Mond, Mars, Jupiter, Saturn = 7

Die Zusammenziehung dieser magischen Schwingungen ergibt die Zahl 7 und stellt in der Gesamtheit die magische Einheit unserer Planetenkette im jetzigen Zustand dar. Hierin liegt der Schlüssel für den Magier verborgen, der sich der magischen Runen-Kräfte unseres engeren Kosmos bedient.
Von der Erde aus betrachtet liegt die Intelligenz des Wesens Erde im engeren magischen Sinne tatsächlich in der Vierheit, entsprechend der analogen Erscheinung des Saturn, der ebenfalls in der magischen Vierheit, parallel der Erde, schwingt, nur verstärkt – wenn man ihn spirirituell erfassen will – zur 8. Es gibt noch einen zweiten Schwingungszustand, den wir uns als die spirituelle Einwirkung des kosmischen Zustandes auf den spirituellen Körper des Menschen denken müssen, also gleichsam als eine Reflexion. Dieser spirituelle Entsprechungszustand, der so zu erklären ist, dass sich folgende Planetengruppierungen als Kräfte im Menschen auswirken gemäß seinen Geburtskonstellationen.

$$\odot \text{ als Einheit} = 1$$

$$\underset{\text{Merkur,}}{\text{☿}} \underset{\text{Venus,}}{\text{♀}} \underset{\text{Erde,}}{\text{♁}} \underset{\text{Mond,}}{\text{☽}} \underset{\text{Mars}}{\text{♂}}$$

$$\text{als Fünfheit} = 5$$

$$\underset{\text{Jupiter}}{\text{♃}} \quad \underset{\text{Saturn}}{\text{♄}}$$

$$\text{als Zweiheit} = 2$$

Hier liegt in der Erkenntnis die Grenze der jetzigen spirituellen Entwicklungsmöglichkeit des Menschen klar auf der Hand. Denn die Quersumme 1 + 5 + 2 = 8. Also, der spirituelle Zustand des Saturn setzt dieser ebengenannten Entwicklung die Grenze. Der Mensch selbst als kosmisches Einzelwesen schwingt in der Fünfheit der mittleren oben genannten Kette.
Im Verfolg einer in ferner Zukunft liegenden weiteren Konzentrierungs-Gruppierung wird der Sonnenlogos, nachdem er Pluto, Vulkan, Merkur, Venus in sich aufgenommen hat, auch die Erde, die indessen ihre drei Monde, ferner Mars und Asteroiden in sich aufnahm, in sich einziehen, Jupiter und Saturn, werden dann als Doppelgestirn am Himmel stehen. Der Sonnenlogos und der Saturnlogos, als großen Bruderstern, werden dann zur

mystischen Hochzeit und Vereinigung schreiten. Abel und Kain versöhnen sich, oder der verlorene Sohn kehrt zum Vater zurück oder Christus und Satan werden wieder eins, indem Himmel und Hölle sich vereinen, wie die mystischen Prophezeiungen lauten.

Du wirst nun einsehen, wie wichtig dieses Studium der Kosmogonie ist, um einmal eine Synthese zu schaffen zwischen der Theorie von Hörbiger und den Lehren der Geheimwissenschaft. Du wirst sehen, dass Du durch diese Ideenverbindung nicht nur eine gute Basis und Arbeitshypothese erhältst, sondern einen Schlüssel zur Esoterik selbst.

Ich will Dir nachstehend eine Erklärung der Entstehung der Symbole im kosmischen Werden geben.

Die einzelnen Planeten entstanden dadurch, dass die Mutter-Gigantin, die Ur-Sonne unseres Kosmos, ein ganzes Universum hinaus schleuderte, große Gestirne und unzählige kleinere Planeten und ihre Monde. Diejenigen Planeten, die mit der größten Kraft hinausgeschleudert wurden und sich so am weitesten von der Mutter-Gigantin entfernten, kristallisieren sich zuerst. Von den Planeten unseres Sonnensystems ist der Saturn am weitesten ausgestoßen. Uranus und Neptun gehören ihrem Ursprung nach zu einem anderen Planetensystem.

Symbolisieren wir alle die ausgestoßenen Gestirne als O, so ergibt sich in jedem Kreise bei der eintretenden Verdichtung des Kreuz. So entstand aus Kreuz um Kreis das Venussymbol, da bei der Venus der entstandene Schwerpunkt der Verdichtung nach unten sank.

Die Planeten in Sonnennähe sind spiritueller, je weiter entfernt sie sind, desto härter und dichter werden sie im materiellen Aufbau.

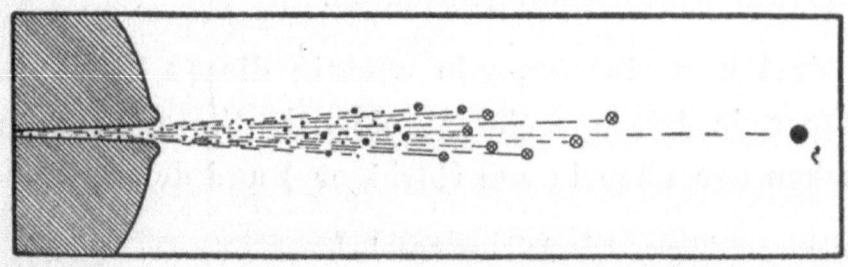

Deshalb ist das Wesen, der geistige und materielle Aufbau der Venus ätherischer, so dass symbolisch ausgedrückt, rein bildlich der spirituelle Geist = O über der Materie + schwebt. Umgekehrt ist es bei der Erde. Sie „zog" in früheren Entwicklungsepochen den Lemuria-Mond und den Atlantis-Mond an sich heran und füllte sich durch deren Aufgehen in ihrer geistigen und materiellen Substanz ungeheuer mit lunaren Kräften, die der Saturn-Sphäre zugehörten. Dadurch entstand die Verdichtung der Erde, und demzufolge das Symbol Erde = Materie liegt über dem spirituellen Geist. Symbolisch, in der Bildwiedergabe, lässt sich dieser geschilderte Vorgang wie folgt darstellen:

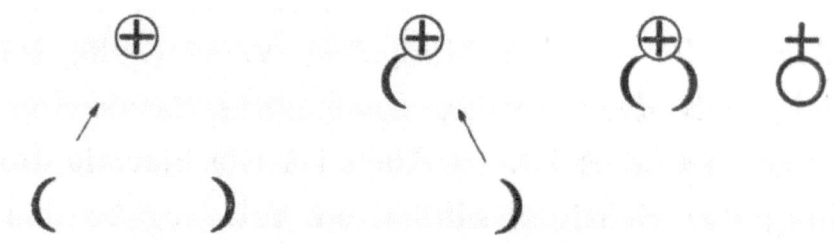

Symbolbildung der Erde durch Einfangen der beiden Monde.

Nach der gleichen Betrachtungs-Hypothese, wie das Entstehen der Symbole der Erde und der Venus, ist auch eine Erklärung der Entstehung der anderen Planeten symbolisch möglich.
Der Mars erzeugt noch heute eine kosmische Spannung zwischen sich selbst und den Asteroiden, die sich zwischen ihm und dem Planeten Jupiter befinden, die so groß und gewaltig ist, dass er diese Gruppe kleiner und kleinster Planeten allmählich in Verfolgung der Spiral-Gesetze ganz an sich heranziehen wird, wie es zum Teil ja schon geschehen ist, denn die heutigen Mars-Monde sind nach dieser Hypothese eingefangene Planeten der Asteroiden-Gruppe. Durch diesen Prozess wird das Symbol des Mars unserem Erden-Symbol noch ähnlicher werden, indem sich durch neue eingefangene Asteroiden-Körper sein Dichtungsfeld noch verstärkt, denn er gehört geistesspirituell noch viel stärker als die Erde in die Sphäre des Saturn.
Der Saturn selbst war im Anfang dieser kosmischen Runde – wie schon gesagt – der am stärksten in sich konzentrierte Planet, welcher durch Anziehung des zwischen ihm und dem Jupiter liegenden – heute nicht mehr

vorhandenen – Planeten sein inneres spirituelles Kraftfeld derart verstärkte, dass sein heutiges Symbol entstand. Aus der nachstehenden bildhaften Wiedergabe ist ersichtlich, dass der heutige, sogenannte Saturnring der eingefangene Planet ist. Auch ist Dir hiermit die Begründung der richtigen bildhaften Wiedergabe des Saturn-Symbol, bei einigem Nachdenken gegeben. Das in der Astrologie heute übliche Saturnzeichen ist in der bildhaften Wiedergabe kosmisch unbegründet und falsch.

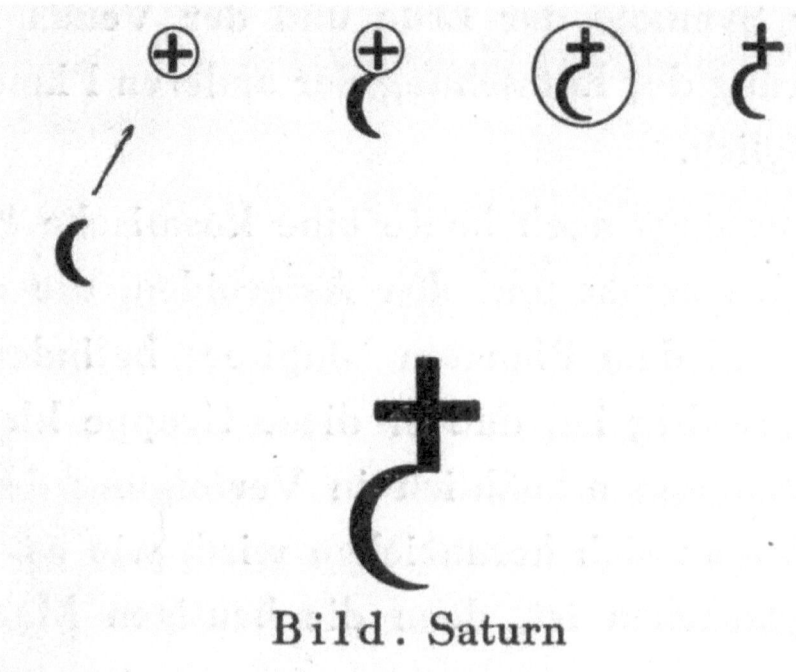

Bild. Saturn

Von den zwei innermerkuriellen Planeten wurde wie bereits gesagt der erste Planet Pluto bereits kurz nach seiner Ausstoßung wieder in die Sonne hinein gezogen. Der Sonnen-Logos wurde demzufolge bereits wieder spirituell neu befruchtet von seinem ersten Sohn, dadurch erhielt er bereits eine gewisse intellektuelle Färbung, die in der astrologischen Prognosendeutung leider viel zu wenig beachtet wird. Von dieser Betrachtung ausgehend ist die natürliche Befruchtung der Mutter durch den Sohn in gnostischem Sinne nicht als strafbar und als unnatürlich zu verwerfen. Der Merkur selbst zog gleichsam seinen näher der Sonne liegenden Bruder „Vulkan" an sich; sein eigenes Symbol war dadurch zunächst bildhaft =

und gestaltete sich dann später zu dem heutigen Merkur-Symbol, nachdem dieser Bruder – der in der Zwischenzeit Merkurmond war – einverleibt worden war.
Für den von der Sonne absorbierten Planet Pluto hat die Geheim-Symbolik heute folgendes Symbol

In ähnlicher bildhafter Wiedergabe wird auch der eingezogene innere Saturnplanet bezeichnet =

Um tiefer in dieses gewaltige Geschehen der spirituellen Entwicklung unseres Universums hinein zu schauen, musst Du Dir also immer wieder einprägen, dass sich die kosmische Entwicklung der Planeten-Reihen unseres Sonnen Systems in dieser Form von sogenannten Planeten-Ketten vollzog und noch vollzieht, welche in ihrer Entfaltung dem Urgesetz des GOLDENEN SCHNITTES unterliegen.
Diese Entwicklung der Planetenketten in dem Raumkraftfeld zwischen Sonne und Saturn lässt sich also unter Zugrundelegung der Zahlengesetze des GOLDENEN SCHNITTES:

$$1 : 5 : 8 : 13$$

genau erforschen und in der jeweiligen Entwicklungsphase betrachten und erkennen.
Von dem Gestirn Sonne als konstanten Punkt ausgehend, lag die Planetenkette nach der Ausstoßung durch das Muttergestirn im Kosmos, dargestellt in folgender Abbildung:

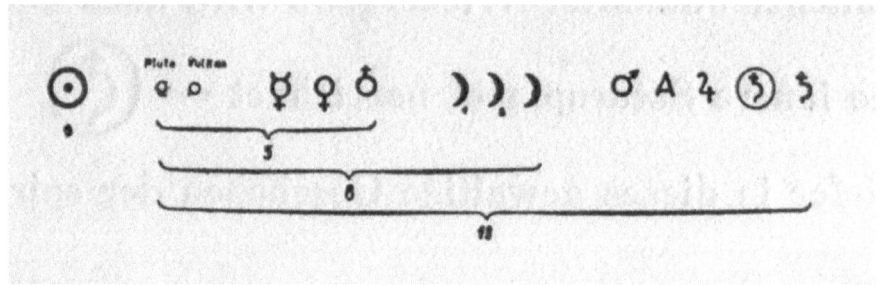

Der heutige Zustand unserer Planetenkette lässt sich in materieller und in geistiger Hinsicht darstellen. Die materielle Auswirkung ist folgendermaßen:

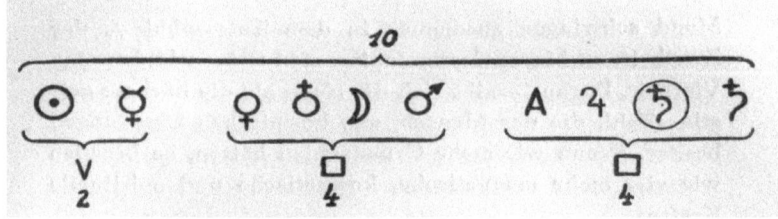

Sonne und Merkur schwingen in einer Zweiheit, und zwar unter dem Kraftsymbol V. Die nächsten vier Weltkörper: Venus, Erde, Mond und Mars schwingen im Quadrat. Daraus ist es verständlich, dass unsere Erde in der Vierheit schwingt. Die vier nächsten Planeten, Asteroiden, Jupiter, Saturnmond und Saturn schwingen, ebenfalls im Quadrat. So schwingt unser gesamtes Planetensystem heute in dem geheimnisvollen Klang der Zehn. Zehn gleich 1 + 0 = Eins.
Die geistige Auswirkung des jetzigen Zustandes der Planetenkette ist aus folgender Zeichnung ersichtlich:

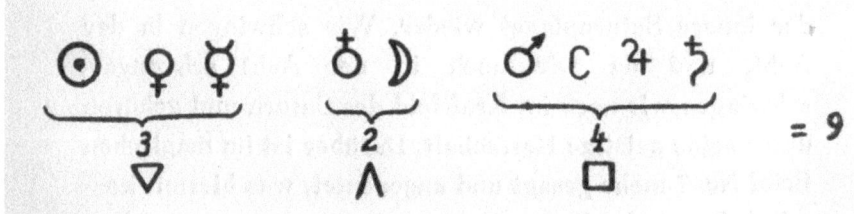

Wir leben spirituell außer von der Sonne von den vier Kräften: Merkur, Venus, Mond und Mars. Doch geistig, magisch beherrschen wir nur die Erdkraft und die Mondkraft. Geistig schwingen Sonne, Merkur, Venus im Dreieck, dessen Spitze Dach unten gekehrt ist. Erde und Mond schwingen zusammen in dem Tatsymbol ^ der Zweiheit. Mars, Ceres, Jupiter und Saturn bilden eine Vierheit. Daraus ergibt sich die Neun als die höchste geistige Zahl, die der Mensch, aus kosmischen Ursprunges besitzt. Wenn wir mehr Grundzahlen hätten, so besäßen wir viel mehr magnetische, kosmetische und spirituelle Kräfte.
Als dritte Zahlenreihe lässt sich die Wirkung der Planetenkette des jetzigen Zustandes auf den magischen Menschen oder als magische Wiederspiegelung darstellen.

Der fünffache Klang ist Grundakkord. Magisch arbeiten wir mit den fünf Kräften Merkur, Venus, Erde, Mond, Mars (=AEIOU). Magisch spiegeln sich weder die Asteroiden noch der innere Saturnplanet wieder. Wir schwingen in der Acht, und da wir noch in der Acht schwingen, schwingen wir noch im Kraftfeld des Saturn und gehören unter seine geistige Herrschaft.

Es lässt sich ein Ausblick in die später als Endentwicklung stattfindenden zukünftigen Epochen der Weltentwicklung geben. Aus der Vereinigung von Sonne und Saturn entsteht dieses Form-Symbol Saturn solange die beiden Gestirne als Doppelgestirn am Firmament stehen. Wenn nun diese Wiedervereinigung vollkommen vollzogen sein wird, wenn der Sonnenlogos alle seine Kinder wieder in sich aufgenommen hat, dann wird er eine gewisse Periode lang ausruhen, bis neue Explosionen, Geburten sich vollziehen. Dieses dann entstandene Muttergestirn schwingt infolgendem Symbol

Es trägt somit Jupiter- und Saturn-Eigenschaften gleichzeitig in sich. Es enthält ein Spiegelbild des magischen Saturnsymbols und dreht sich immer nach rechts. Wenn die Drehung vollendet ist, dann ist wieder der Zeitpunkt der Ausstoßung gekommen. Ein neues Manvantara beginnt, eine neue kosmische Geburt, ein neues Zeitalter: Atma hat aufgehört einzuatmen, hat ausgeruht und atmet wieder von Neuem aus in seinem uralten, ewigen Rhythmus.

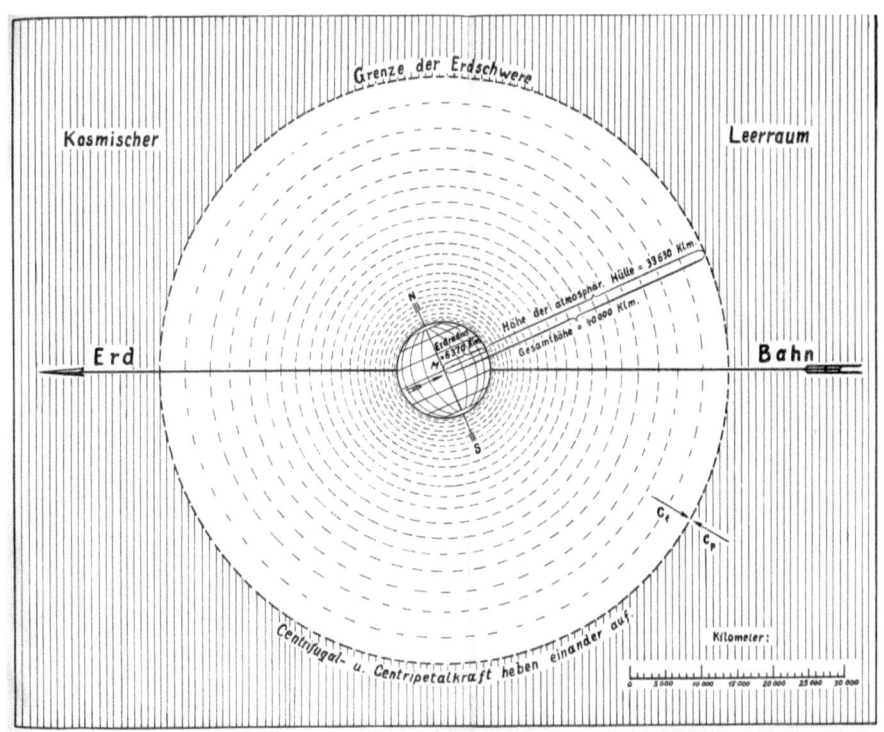

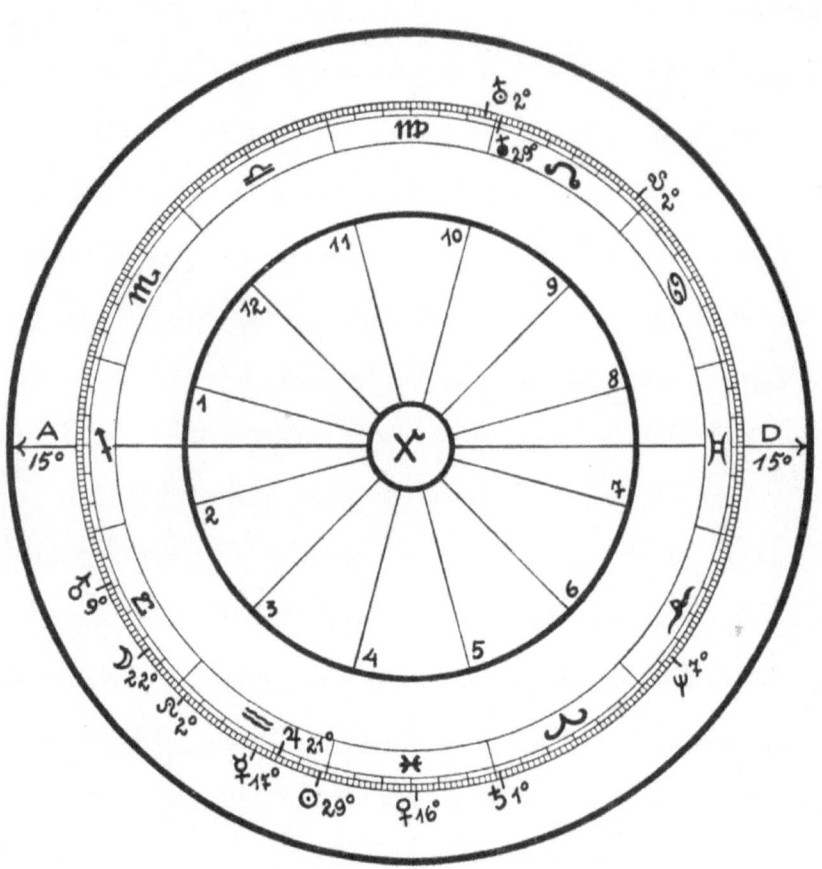

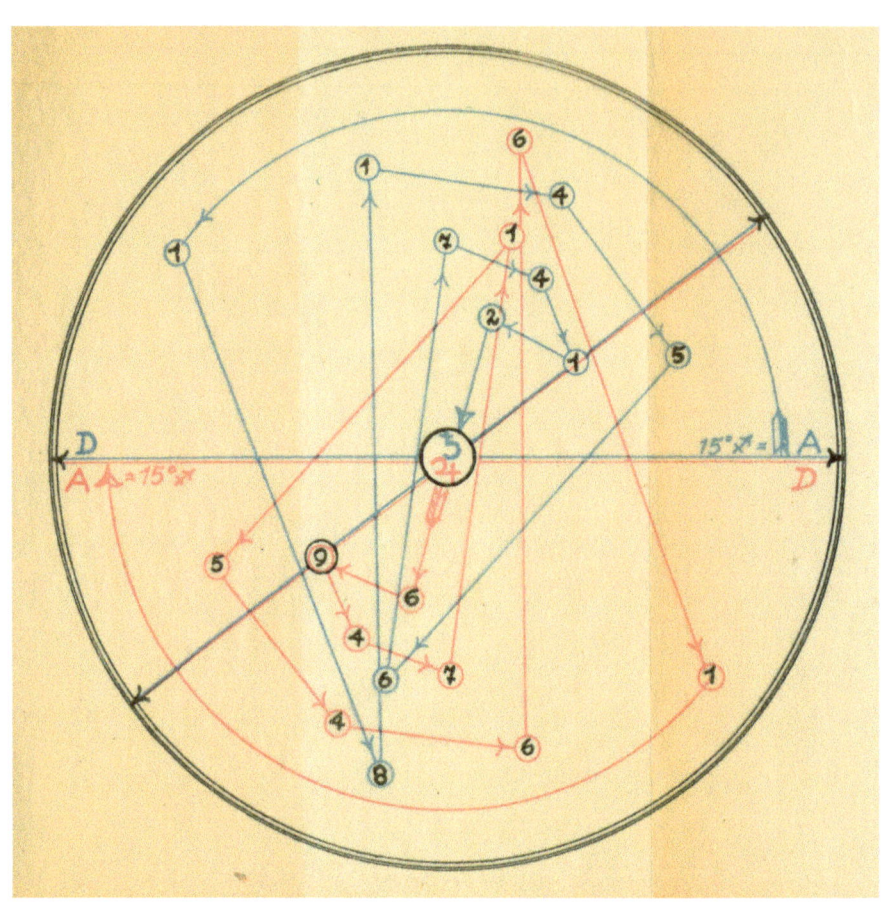

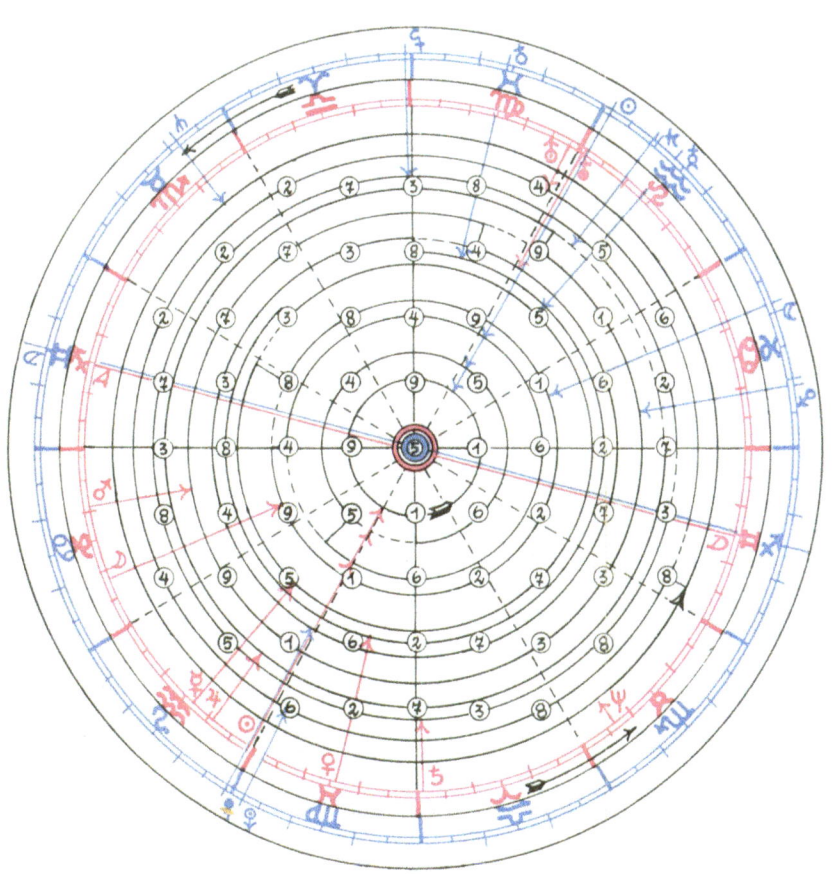

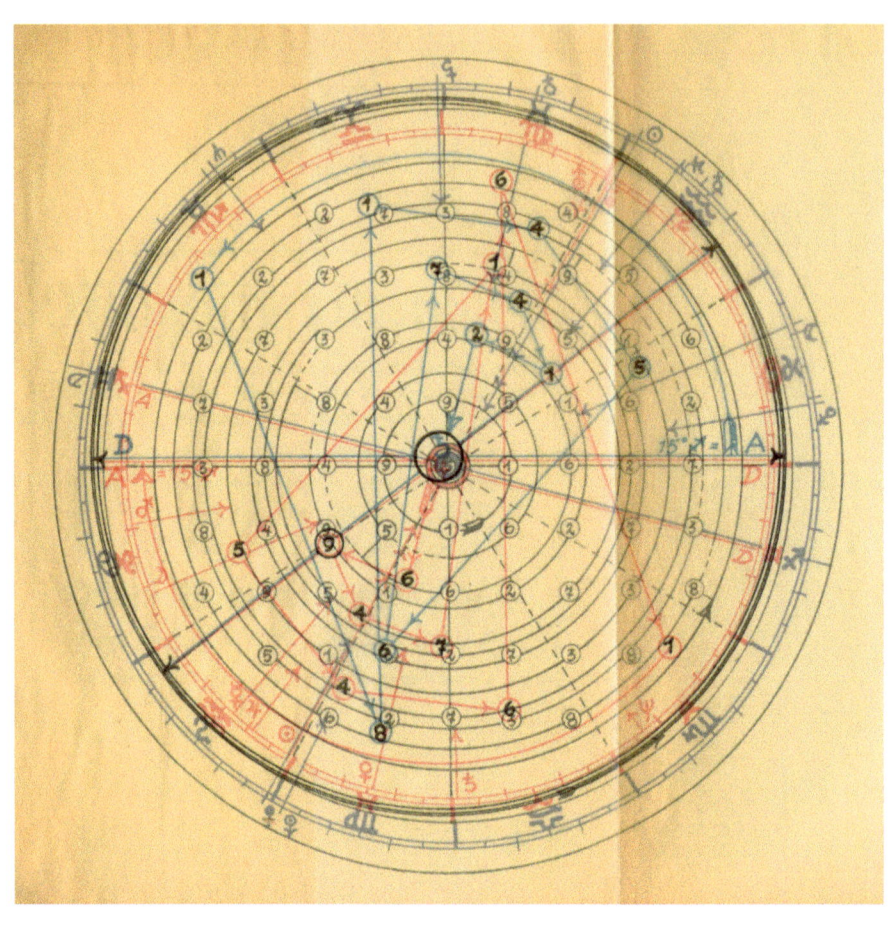

Weitere Bücher aus dem Christof Uiberreiter Verlag:

Das goldene Blatt der Weisheit
Seila Orienta/Franz Bardon

Zum ersten Mal in der okkulten Literatur wird die 4. Tarotkarte des Hermes Trismegistos verständlich beschrieben und offengelegt. Sie beinhaltet unbekannte Konzentrations- und Meditationsübungen. Des Weiteren gibt sie Hinweise und erklärt die Unterschiede zwischen Magie und Mystik und Gefahren des einseitigen Weges. Am Ende steht die Verbindung mit der universellen Gottheit, dem Herrn der Sonnensphäre, welcher quabbalistisch „Metatron" genannt wird.

*

5. Tarotkarte – Mysterien des Steins der Weisen
Seila Orienta/Franz Bardon

Dieses Buch stellt die Vorderseite der Alchemie dar, die die einzelnen praktischen Übungsschritte erklärt, ohne die verschlüsselten Mystifikationen der alten Alchemisten auch nur annähernd zu erwähnen, wie man es aus den anderen Büchern des Franz Bardon kennt. Es wird erklärt, dass ohne vollkommene Beherrschung der 4 Elemente keine Alchemie möglich ist. Des Weiteren wird mit den einzelnen Ebenen, mit den Matrizen, dem elektromagnetischen Fluid usw. gearbeitet. Doch den Hauptpunkt stellen die göttlichen Eigenschaften wie z. B. die Allmacht dar, mit denen der Göttliche Stein der Weisen durch gewisse Übungen geladen wird.

*

Talismanologie und Mantramkunde
Seila Orienta/Franz Bardon

Zum ersten Mal werden hier (magisch) geladene Mantrams – Gebetssätze – preisgegeben, welche bei nötiger Reife, Ausgeglichenheit und Reinheit durchdringende Erfolge versprechen. Mantrams sind ja nach Bardon nicht irgendwelche „Suggestionssätze", sondern sie sind Ideenausdrücke, mit denen man mit Mächten, Kräften, Eigenschaften, also Gottheiten, in Verbindung kommen kann. Gleichzeitig werden die dazugehörigen Siegelzeichen der göttlichen Ideen preisgegeben, welche im rituellen

Zusammenhang mit den Mantrams stehen. Ein Buch, das nicht nur die Hermetiker, sondern auch die Anhänger der Yogawissenschaften inspirieren wird!

*

Eine Sammlung der schönsten und lehrreichsten Beschwörungsgeschichten
Hohenstätten

Dieses Buch ist einzigartig, denn es zeigt den zweiten Band von Franz Bardon an Hand von interessanten Evokationsberichten, die genau das bestätigen, was Bardon in seinem Buch geschrieben hat, und noch darüber hinaus. Es werden sensationelle Erlebnisse geschildert, die man sonst niemals findet. Auch aus unveröffentlichten Schriften wird zitiert.

*

Verkörperungen des Meister Arion
Hohenstätten

Man wird beim Lesen dieses Buches nicht glauben, wie viele bekannte und unbekannte Inkarnationen Franz Bardon hatte. Die paar, die im „Frabato" bekannt gegeben wurden, stellen nur einen geringen Teil seiner Verkörperungen dar. Wir mussten, da es dermaßen wenig Literatur über die Verkörperungen gab, wieder Hunderte und Aberhunderte von Büchern, Aufsätzen, Zeitschriften und Artikeln durcharbeiten, bis wir genügend Material für dieses Buch hatten. Aber der Leser wird sich beim Lesen sicherlich über unsere Arbeit freuen, denn sie wird ihn in Erstaunen versetzen!

*

Shamballa, der goldene Tempel des Lichts
Hohenstätten

Dieser Tempel dürfte jeden Leser von Bardons Roman „Frabato" fasziniert haben. Dass es aber in der okkulten Literatur noch viel mehr Informationen darüber gibt, die man aber nur findet, wenn man alles Veröffentlichte gelesen hat, dürfte dem einen oder anderen unbekannt sein. Es wurden wieder ganze Stöße von Büchern durchgesehen und das Ergebnis wird hier veröffentlicht. Es wird aber gleichzeitig darauf hingewiesen, wie viel Schundliteratur es darüber gibt, wie viel Lügen im Umlauf sind, damit sich der Schüler der Hermetik ein klares Bild machen kann. Wir bringen in diesem Buch alles, was wir an Material darüber gefunden haben, und es wird auch noch einiges aus der eigenen Erfahrung, was das Wertvollste ist, mitgeteilt. Nicht nur über den Tempel wird berichtet, sondern auch über die damit verbundene „Bruderschaft des Lichts", deren Sitz er darstellt.

*
Auf der Suche nach Meister Arion
Hohenstätten

Diese Autobiographie eines Schülers der Hermetik des Franz Bardon schildert sein magisches Leben, in welchem zahlreiche Erfahrungen zu den Übungen aus dem Adepten geschildert werden, die die Hauptperson selbst erlebt hat. Es wird der schwere Weg des Adepten aus autobiographischer Sicht gezeigt, seine vielen Tiefschläge, aber auch seine glanzvollen Seiten und Zeiten. Der harte Kampf mit dem Seelenspiegel wird bis in alle Einzelheiten aufgezeigt, genauso wie die vielen anderen Wege, in welche der Autor reinschnupperte, um dadurch reichlich Erfahrung sammeln zu können. Darüber hinaus enthält es unzählige Erfahrungen und Berichte betreffs Mantramistik nach Bardon, die wahre Runenmagie, zahlreiche Evokationen sowie Invokationen mit seinem Lehrer Anion, einen magischen Exorzismus, wie er bisher noch nie öffentlich geschildert wurde. Mentalreisen, Beeinflussungen, Übungen zur Gottverbundenheit, Erscheinungen, Alchemie, Heilungen mit den verschiedensten magischen Methoden z. B. Quabbalah oder durch die Elemente, Schutzgeistevokationen und viele andere magische „Wunder" seines Freundes und Lehrers Anion. Auch einige magische Fotos in Farbe, ein bisher von Bardon unveröffentlichtes Akashafoto von Christus und ein Bild des schwebenden Meister Arion werden in diesem Buch preisgegeben. Der Inhalt ist viel reichlicher, als hier kurz beschrieben werden kann.

*
Magisches Gleichgewicht
Hohenstätten

Dieses Buch zeigt eindeutig, dass in allen anderen Systemen das „Gleichgewicht" genauso gebraucht wird, wie bei Bardons Werken. Er war nicht der Einzige, der das erwähnte, aber er war der erste, der es deutlich erklärte, denn die anderen Systeme sprachen nur durch das Symbol, welches nicht jedem Leser verständlich war. Obendrein bringen wir noch Unveröffentlichtes vom Meister Arion zu dieser Grundlage der magischen

Entwicklung.

*

Das Leben und die Erfahrungen eines wahren Hermetikers
Seila Orienta

Diese Autobiographie eines Magiers ist unübertroffen, denn bis jetzt hat kein einziger okkult Geschulter so offen und ehrlich gesprochen wie Seila Orienta. Er gibt in diesem Werk sein Leben bekannt, sowie seine zahlreichen und äußerst interessanten Erlebnisse und Erfahrungen. Es werden auch zum ersten Mal Fotos von Wesen der Sphären gezeigt, welche Franz Bardon höchstpersönlich in den 1920ern gemacht hat. Des Weiteren schreibt Seila Orienta über die Sphären, über Dämonen, Logenkontakte und vieles, vieles mehr, was einem ehrlich strebenden Hermetiker das Herz übergehen lassen wird.

*

Das Leben des Franz Bardon
Hohenstätten

Dieses Buch beschreibt das Leben des Meisters außerhalb des Frabatos, welches seine Sekretärin – Otti V. – geschrieben hat. Es beinhaltet Erklärungen zu seiner „Biografie", weitere Einzelheiten über den Kampf mit der FOGC, seine Beziehung zu Wilhelm Quintscher und anderen Okkultisten, was alles bisher unbekannt war! Des Weiteren werden viele Erlebnisse seiner Schüler in Prag erzählt, verschiedene magische Leistungen und interessante Geschichten Bardons beschrieben, die bis dato unveröffentlicht sind. Es werden auch seine drei Lehrwerke und deren Wirkung auf die Öffentlichkeit von einem anderen, unbekannten Standpunkt geschildert, welcher durch bisher schwer zugängliche Schriften unterstützt wird. Als Krönung wird seine aus dem Tschechischen übersetzte „Runenschrift" zum ersten Mal veröffentlicht. Auch einige Seiten aus anderen unveröffentlichten Schriften von ihm sowie interessante Fotos des Meister Bardon und seiner Freunde werden hier preisgegeben und vieles, vieles mehr.

*

In Verbindung mit der Gottheit
Hohenstätten

Über das Thema der Gottverbundenheit mit all seinen Formen und

Methoden wurde bis heute noch nie ein Buch verfasst, geschweige denn eine Schrift geschrieben. Man findet in der okkulten wie in der östlichen Literatur nur spärliche Hinweise, die größtenteils verschlüsselt sind oder so geschrieben wurden, dass man sie kaum versteht. Im Gegensatz dazu wird in diesem Buch offen dargelegt, dass das 1. kleine Arkanum der 78 Tarotkarten die Gottverbundenheit in ihrer Reinform darstellt.

*

Hermetische Heilmethoden
Hohenstätten

Dieses Buch stellt in der okkulten Literatur ein absolutes Unikum dar, denn über die Gesamtheit der okkulten Heilmethoden wurde bis jetzt noch NIE etwas Sinnvolles geschrieben. Es werden alle Heilmethoden erwähnt, die der hermetische Schüler mit Hilfe seiner bisher erlangten Konzentrationsfähigkeit ausüben und verwenden kann.

*

Erste hermetische Zeitschrift

„Der hermetische Bund teilt mit" ist eine der wenigen magisch-mystischen Zeitschriften, welche sich soweit als möglich auf die universelle Lehre von Franz Bardon bezieht. Sie versucht sich an die Gesetze des 4-poligen Magneten zu halten und vermittelt Wissen sowie Hinweise für die Praxis, damit der Leser die Möglichkeit hat, sie in seinen hermetischen Weg aufzunehmen und für sich gewinnbringend zu verarbeiten.

Noch viel mehr hermetische Literatur finden Sie auf unserer Website: http://www.hermetischer-bund.com.

Viel Vergnügen beim Stöbern!

Der Verlag